아이 휴대폰에 날마다 전송하는

행복 문자

이룸나무

아이 휴대폰에 날마다 전송하는 행복 문자

지은이 김용태 | **펴낸이** 김용태 | **펴낸곳** 이룸나무
편집 김민채 | **마케팅** 출판마케팅센터 | **본문 및 표지** 디자인 숲

초판 1쇄 인쇄일 2010년 7월 10일
초판 1쇄 발행일 2010년 7월 20일
주소 130-823 서울특별시 동대문구 용두동 236-1 대우아이빌 101동 106호
전화 편집 02-3291-1125 **마케팅** 031-943-1656 **팩시밀리** 02-3291-1124
E-mail iroomnamu@naver.com
출판 신고 제 305-2009-000031 (2009년 9월 16일)
가격 13,800원
ISBN 978-89-963203-4-0 03040

iROOMNAMU

아이 휴대폰에 날마다 전송하는

행복 문자

위대한 명언 한 줄로
내 아이의 인생지도가 바뀐다

사랑하는 내 아이

______________을 위한 기도!

Contents

행복 문자,
아이의 미래를 바꾸는 마중물입니다!

매우 섭섭한 일이지만 아이들이 커질수록 마주앉는 시간이 줄어듭니다. 어릴 적에는 몸놀이만으로 충분한 교감을 나눌 수 있었는데, 몸집이 커지면 예전과 다른 소통이 필요합니다.

사춘기 질풍노도 중심에 선 아이들과 대화는 쉽지 않습니다. 모처럼 마음먹고 이야기를 나눠도 "요즘 어떻게 지내니?", "공부는 잘 되냐?" 몇 마디 주고받으면 더 이상 화젯거리가 궁해집니다.

분위기가 더 좋아져 깊은 대화를 나누려 하면 아이들은 몸짓으로 거부합니다. 친구들끼리는 즐겁게 낄낄대다가 부모 얼굴만 보면 표정이 굳어지고, 건네는 말마다 퉁명스럽게 반응하는 것은 그만한 까닭이 있습니다. 2차 성징이 발달하면서 분비되는 호르몬이 그들의 뇌세포에 영향을 끼치기 때문입니다.

아이의 미래를 위한 훌륭한 조력자, 올바른 길잡이 역할을 하고 싶은 게 부모 마음인데 아이들이 이런 반응을 보이면 화가 나고, 섭섭합니다. 어떤 좋은 방법이 없을까 많은 고민을 하게 됩니다. 한마디로 마음이 복잡해집니다.

사춘기의 반항. 그것은 기성 권력에 대한 그들 방식의 자기주장입니다. 그러기에 아이들과 소통하기 위해 섣불리 다가가면 갈수록 더 어긋나기 쉽습니다. 이게 바로 이 시기의 아이들 특성입니다.
여자 아이는 교복 상의를 줄여 입고, 남자 아이는 발바닥이 들어가기 힘들 정도로 바짓단을 줄이고, 조금이라도 더 머리카락을 기르려 애쓰는 모습을 볼 때면 '도대체 내 아이의 머릿속에서 어떤 일이 벌어지는 걸까?' 너무나 궁금해집니다.
스무 살, 열아홉 살, 열여섯 살. 세 아이들이 10대 후반에 접어들면서 함께 나누는 대화가 부쩍 줄었습니다.
그래서 잔소리나 훈계보다 간접적인 방식으로 아이들과 의사소통을 하기로 마음먹었습니다. 위대한 인물들의 명언 한 구절씩을 휴대폰에 전송하기 시작한 것이지요.
처음에는 그들식 표현대로 '이게 뭥미?' 반응하던 아이들이 이젠 문자 전송을 건너뛴 날에는 "아빠, 오늘 바빴어요?" 묻기도 하고, 어느 날은 슬며시 다가와 자신의 고민거리를 털어놓기도 합니다. 휴대폰에 전송한 명언 한 줄이 제 삼남매의 미래를 더 튼실하게 열어주는 '인생 내비게이터', 마중물이 되었으면 좋겠습니다.
독자 여러분도 자녀들에게 '행복 문자'를 보내는 것은 어떨지요. 어느 날, 달라진 아이의 눈빛과 태도가 느껴질 것입니다.

2010. 7 여름날

김 용 태

행복 문자 활용법!

아이의 성공을 빌어주는 '소망 다이어리'로 꾸며 가세요

아이에게 띄울 '행복 문자'를 고르느라 책갈피를 넘기다 보면, 부모 역시 삶의 지혜를 덤으로 얻습니다. 필자도 책에 실은 명언들을 고르면서 매일 새롭게 깨닫고, 반성하는 시간을 가졌습니다.
이 책 《행복 문자》는 부모가 직접 또 하나의 책을 만들 수 있는 게 특징입니다. 'Today Memo'에 그날 그날 아이에게 전하고 싶은 이야기를 적는 공간을 배치했습니다.
아이를 위해 떠올린 부모의 간절한 마음, '내 아이의 성공 기도문' 같은 이야기를 계속 적다보면, 아이에게 띄운 '행복 편지' 한 권이 새롭게 탄생할 것입니다.

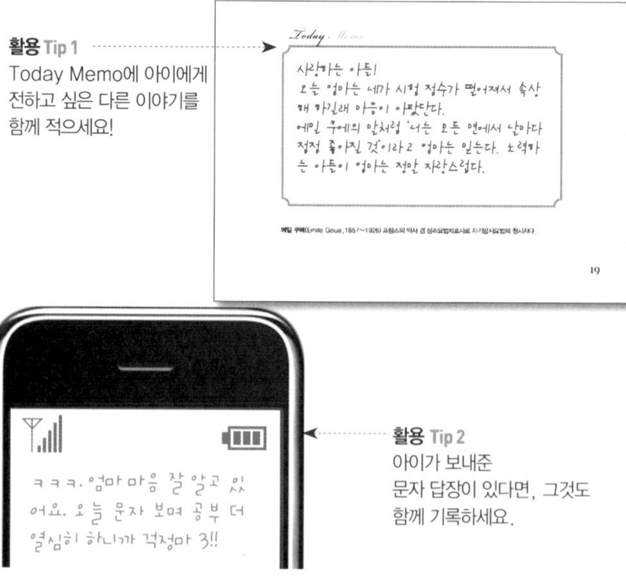

내 아이에게 전해주는 오늘의 행복 문자

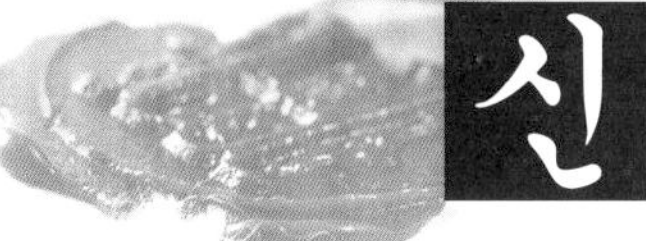

자신감

Self Confidence

행복 문자

어떤 사람에게 말을 할 때는 그의 눈을 보고, 그가 말을 할 때는 그의 입을 보라.

프랭클린

다른 사람과 마주앉을 때 자신감은 더 빛납니다.
대화할 때 상대방의 눈과 입을 부드럽게 주목하는 습관을 들이세요.
이런 태도는 자신을 당당하게 드러내는 것입니다.
상대방에게 신뢰를 주는 행동입니다.

Today Memo

벤저민 프랭클린 (Benjamin Franklin, 1706~1790) 미국 독립의 아버지로 추앙받는다. 절제 있는 자신의 생활을 기록한 '자기관리 수첩'이 〈프랭클린 다이어리〉로 발전해 많은 이들의 삶을 가치 있게 이끌고 있다.

행복 문자

큰 꿈을 가져라. 너의 행동을 낮게 하고, 너의 희망을 높게 하라.

조지 허버트

꿈을 크게 갖는 것은 청소년의 특권입니다.
이 시기에 자신의 큰 꿈을 이루기 위한 준비를 해야 합니다.
그 꿈을 이루기 위해 작은 일부터 하나하나 행동으로 옮기는 것,
청소년기에 해야 할 중요한 일입니다.

조지 허버트 (George Herbert, 1593~1633) 영국의 목사로 형이상파 시인이다. 종교 시집 《성당(聖堂) The Temple》이 대표작이다.

당신이 할 수 있다고 생각하면 할 수 있고, 할 수 없다고 생각하면 할 수 없다.

헨리 포드

세상 모든 일이 마음먹은 대로 될까요? 물론 아닙니다.
하지만 할 수 있다는 자신감을 가지면 수많은 일이 이루어집니다.
자신감은 아이에게 심어줘야 할 부모의 의무입니다.

Today Memo

헨리 포드 (Henry Ford, 1863~1947) 미국 자동차 회사 '포드'의 창립자이다. 합리적 경영방식을 도입해 포드를 미국 최대의 자동차 제조업체로 성장시켰다.

행복 문자

성공한 사람은 더욱 더 성공하는 경향이 있다. 항상 성공을 생각하기 때문이다.

브라이언 트레이시

성공한 사람의 표정은 밝습니다.
생각이 긍정적이어서 어떤 일을 대하든 의욕적이고, 활기찹니다.
그래서 성공이 성공을 낳고,
또 다른 성공으로 이어지는 강력한 추진력이 절로 생깁니다.

Today Memo

브라이언 트레이시 (Brian Tracy, 1944~) 성공과 행복, 세일즈, 리더십, 동기유발을 주제로 세미나를 개최하는 비즈니스 컨설턴트다.

생명이 지속되는 한 희망이 있다.

세르반테스

생명은 참으로 값집니다.
생명은 고귀한 것이어서 스스로 포기하지 않고 노력하면,
누구나 달콤한 열매를 맺게 합니다.
잘 할 수 있다, 잘 된다는 희망을 품는 것이 참된 자신감입니다.

Today Memo

미겔 데 세르반테스 (Miguel de Cervantes, 1547~1616) 스페인의 작가로 기사 이야기를 패러디한 소설 《돈키호테》를 썼다. 해적에게 붙잡혀 알제리에서 노예생활을 하기도 했다.

자신을 사랑하는 것이야말로 평생 지속되는 로맨스이다.

오스카 와일드

세상 그 무엇보다 소중한 것은 자신입니다.
스스로 아끼고 사랑하는 일은 자신 있게
세상을 살아가는 으뜸 가치입니다. 자신을 소중하게 생각하지 않고,
비하하거나 학대하면 그 누구도 대접해주지 않습니다.

오스카 와일드 (Oscar Wilde, 1854~1900) 아일랜드의 시인이자 소설가이다. '예술을 위한 예술'을 표어로 하는 탐미주의를 주창했다.

행복 문자

마음이 유쾌하면 종일 걸을 수 있고, 마음이 괴로우면 십리 길도 지친다.

셰익스피어

어려운 일이 생겨도 꿋꿋하게 헤쳐가야 합니다.
마음이 즐거우면 힘든 일을 거뜬히 견딜 지혜가 생깁니다.
일을 하기 전에 '즐겁다'고, 자기최면을 거는 연습을 시키는 것은
아이에게 익히게 할 삶의 지혜입니다.

Today Memo

윌리엄 셰익스피어 (William Shakespeare, 1564~1616) 영어로 된 작품 중 최고라는 찬사를 받는 작가다. 《로미오와 줄리엣》, 《햄릿》 등의 대표 작품이 있다.

행복 문자

영원히 살 것처럼 꿈을 꾸고,
내일 죽을 것처럼 오늘을 살아라.

제임스 딘

흔들리지 않는 큰 목표를 세우고, 오늘 하루에 최선을 다하면
비록 크게 얻지 못해도 그 인생은 참으로 값진 것입니다.
내일 죽을 것처럼 열심히 사는 것, 최고의 인생철학입니다.
하루를 열심히 살면, 인생이 풍요로워집니다.

제임스 딘 (James Byron Dean, 1931~1955) 영화 〈에덴의 동쪽〉, 〈이유 없는 반항〉, 〈자이언트〉 등에서 현대 미국인이 안고 있는 고뇌 어린 캐릭터를 잘 드러낸 배우다.

자신감 있는 표정을 지으면 자신감이 생긴다.

다윈

웃는 얼굴에 복이 들어옵니다.
활기차고 환한 표정을 지으면 좋은 일이 연달아 생길 것 같습니다.
해낼 수 있다는 당당한 표정과 힘찬 발걸음은
미래를 행복하게 열어줄 황금열쇠입니다.

Today Memo

찰스 다윈 (Charles Robert Darwin, 1809~1882) 생물의 진화에 대한 이론의 기초를 확립한 생물학자. 《종의 기원》이라는 저서가 있다.

행복 문자

나는 날마다 모든 면에서 점점 좋아지고 있다.

에밀 쿠에

잘할 수 있다, 잘된다는 믿음은 오늘 하루를
더 활기차게 만드는 자양분입니다.
시험 점수가 떨어져 풀이 죽어 있는 아이에게 "날마다 모든 면에서
점점 좋아지고 있다"고 어깨를 다독여 주십시오.
아이를 위한 '성공 주문'입니다.

에밀 쿠에 (Emile Coue, 1857~1926) 프랑스의 약사 겸 심리요법치료사로 자기암시요법의 창시자다. 무의식과 암시의 본성을 탐구한 저서 《자기 암시》로 큰 반향을 일으켰다.

행복 문자

그대의 길을 가라.
남들이 뭐라고 하든 내버려 두어라.

단테

자기 생각보다 주변 이야기에 더 흔들리지 않으신가요?
이럴까 저럴까 망설일 때, 주변에 신경 쓰면 더 혼란스러워집니다.
이럴 때는 흔들림 없이 꿋꿋하게 자신의 길을 걷는
우직스러움이 약이 됩니다.

Today Memo

알리기에리 단테 (Alighieri Dante, 1265~1321) 불후의 명작 《신곡》의 저자. 13세기 이탈리아의 시인으로, 예언자로도 불린다. 중세의 정신을 종합한 문예부흥의 선구자다.

행복 문자

자신은 할 수 없다고 생각하고 있는 동안은, 사실 그것을 하기 싫다고 다짐하고 있는 것이다. 그러므로 그것은 실행되지 않는 것이다.

스피노자

자신감이 없으면 피하고 싶은 핑곗거리를
먼저 찾게 됩니다. 하기 싫은 일이 생기면 미적거리며 '할 수 없다'는
부정적인 생각을 키워가십니까?
먼저 실행하고 결과를 기다리는 것, 자신감을 키우는 행동입니다.

Today Memo

바뤼흐 스피노자 (Baruch de Spinoza, 1632~1677) 데카르트 철학에서 영향을 받은 네덜란드 철학자이다. 《에티카》의 저자이다.

행복 문자

먼저 어떤 사람이 되겠다고 다짐하라. 그 다음에 해야 할 바를 실천하라

에픽테토스

하루의 시작은 아침입니다. 성공한 사람들은 어릴 적부터 '어떤 사람이 되겠다'고 계획을 세운 사람이 많습니다. 그러면서 그것을 이루기 위해 끊임없이 정진했습니다. 계획을 세우고, 목표를 달성하기 위한 노력을 꾸준히 하십시오.

Today Memo

에픽테토스 (Epictetos, 55~135) 제정 로마시대 노예 신분으로 스토아 철학을 익힌 철학자다. 마르크스 아우렐리우스의 스승이다. '수련(修練)'이 곧 철학이라고 했다.

행복 문자

희망이란 눈 뜨고 꾸는 꿈이다.

아리스토텔레스

점점 나아진다는 희망,
오늘보다 내일이 더 즐겁고 보람찰 것이라는 기대가 없으면
의욕이 생기지 않습니다.
희망은 현실 속에서 꿈꾸는 내일에 대한 달콤한 기대입니다.

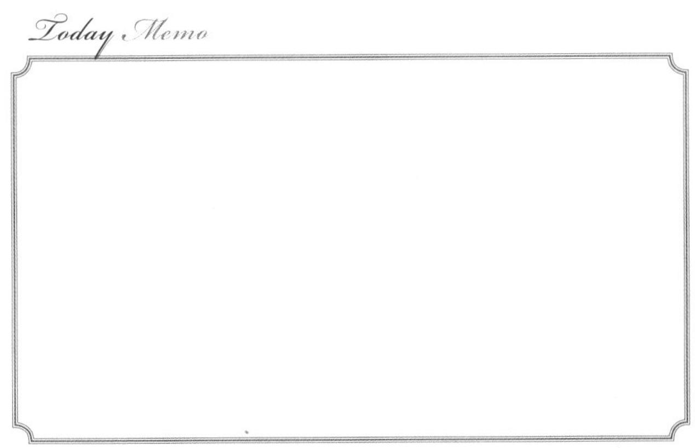

아리스토텔레스 (Aristoteles, BC 384~BC 322) 플라톤의 제자. 스승 플라톤이 초감각적인 이데아의 세계를 존중한 것에 반해, 자연물을 존중하고 이를 지배하는 원인을 찾는 현실주의 철학자였다.

반딧불이는 폭풍에도 빛을 잃지 않는다. 빛이 자기 안에 있기 때문이다.

바라티

무엇이든 해낸다는 자신감은 어둠 속에서 빛을 내는
반딧불이와도 같습니다. 세찬 폭풍 속에서 등대를 보며,
자신이 항해할 곳을 찾아가듯 자신감은 어려움을 이기는 등대입니다.

서브라마니야 바라티 (Subrahmanya Bharati, 1882~1921) 인도의 시인이자 명상가이다. 작품집 《뻐꾸기의 노래》가 있다.

너 자신을 다스려라.
그러면 너는 세계를 다스릴 것이다.

중국 속담

자신을 다스리는 힘은 하루아침에 생겨나는 요술방망이가 아닙니다.
여러 유혹으로부터 스스로 절제할 수 있다면,
자신뿐만 아니라 남과 세계까지 다스릴 수 있는 지혜가 생기겠지요.

Today Memo

행복 문자

젊은 영혼을 매료시키는 가장 찬란한 보석은 바로 성공에 대한 열망이다.

에머슨

휘황하게 반짝이는 다이아몬드, 눈부신 루비는 충분한 돈이 있어야 자신의 것이 됩니다. 하지만 마음속에서 불타는 성공에 대한 열망은 돈이 들지 않습니다. 그 열망을 향해 한 발 한 발 내딛는 노력이 필요합니다.

랠프 왈도 에머슨 (Ralph Waldo Emerson, 1803~1882) 미국의 사상가 겸 시인이다. 자연과의 접촉에서 고독과 희열을 발견한 신비적 이상주의자다. 《자연론》, 《대표적 위인론》 등의 저서가 있다.

희망은 길이다. 원래 땅 위에는 길이 없지만, 걸어가는 사람이 많으면 길이 된다.

루쉰

숲 속 작은 길도 사람의 발길이 닿지 않으면
금세 풀과 나무로 뒤덮입니다. 희망 역시 마찬가지입니다.
가슴속에 간직한 그것을 매일 되새기며,
날마다 쉬지 않고 희망을 향해 달려갈 때 성공 열매가 익어갑니다.

Today Memo

루쉰 (魯迅, 1881~1936) 현실에 뿌리를 둔 작품 《광인일기》, 《아큐정전(阿Q正傳)》 등을 쓴 중국 문학가 겸 사상가이다. 현실에 뿌리박은 강인한 사고를 작품에 반영했다.

행복 문자

자신이 해야 할 일을 결정하는 사람은 세상에서 단 한 사람, 오직 나 자신뿐이다.

조지 오슨 웰스

말을 물가에 끌고 갈 수 있어도 억지로 그 물을 먹이지 못합니다.
능력이 출중한 부모도 자식의 삶을 대신 살아줄 수 없습니다.
스스로 결정하고, 행동하고, 성취할 수 있도록 곁에서 지켜보고,
도와주는 게 부모의 역할입니다.

조지 오슨 웰스 (George Orson Welles, 1915~1985) 20세기 최고의 영화로 손꼽히는 〈시민 케인〉의 감독이자 배우 · 프로듀서 · 극작가이다.

행복 문자

자기 신뢰가 성공의 제1의 비결이다.

에머슨

성공은 우연히 얻어지지 않습니다.
성공한 사람들은 자신의 행동과 생각을 절대적으로 신뢰합니다.
성공을 향해 달려가는 추진력 또한 남다릅니다.
잘 할 수 있다고 믿고, 노력하는 일은 성공을 거머쥐는 힘입니다.

Today Memo

랠프 왈도 에머슨 (Ralph Waldo Emerson, 1803~1882) 미국의 사상가 겸 시인이다. 자연과의 접촉에서 고독과 희열을 발견하는 신비적 이상주의자다. 《자연론》, 《대표적 위인론》 등의 저서가 있다.

행복 문자

핑계를 잘 대는 사람은 거의 좋은 일을 하나도 해내지 못한다.

프랭클린

내 탓보다 남 탓, 자신의 행동에 대해 책임을
회피하려는 사람들을 보면 핑곗거리가 참으로 많습니다.
자신을 반성하기보다 다른 사람, 다른 요인 때문에 나쁜 결과가
빚어졌다고 생각하는 사람에게 성공은 쉽게 문을 열어주지 않습니다.

벤저민 프랭클린 (Benjamin Franklin, 1706~1790) 미국 독립의 아버지로 추앙받는다. 절제 있는 생활을 기록한 '자기관리 수첩'이 〈프랭클린 다이어리〉로 발전해 많은 이들의 삶을 가치 있게 이끌고 있다.

행복 문자

나는 내 운명의 주인이요,
나는 내 마음의 선장이다.

윌리엄 어니스트 헨리

행복한 인생, 불행한 삶…
자신의 마음가짐과 행동에 따라 다르게 느끼게 됩니다.
넬슨 만델라가 27년 여 동안 한 평 남짓한 감옥에 살면서 애송했다는
이 시구처럼 내 운명의 주인과 마음의 선장은 바로 자신입니다.

Today Memo

윌리엄 어니스트 헨리 (William Ernest Henley, 1849~1903) '정복되지 않는다'는 뜻, 인빅투스(Invictus)로 유명한 시인이다. 12세 때 폐결핵에 걸려 왼쪽 무릎 밑을 잘라내는 수술을 받고도, 쾌활하고 열정적으로 살았다.

괴로워하거나 불평하지 말라.
사소한 불평은 눈감아 버려라.
어떤 의미에서는 인생의 큰 불행까지 감수하고
목적만을 향하여 똑바로 전진하라.

반 고흐

자신에게 당당한 사람은 사소한 걱정거리나 불편한 일은
먼지를 털듯 담대하게 털어버리는 힘이 있습니다.
힘든 역경 앞에서도 이들은 목표를 향해
흔들리지 않고, 묵묵히 앞으로 나아가는 뚝심이 있습니다.

빈센트 반 고흐 (Vincent Willem van Gogh, 1853~1890) 네덜란드의 화가. 강렬한 색채와 격렬한 필치로 독특한 작품을 남겼다. 대표작으로 〈해바라기〉, 〈밤의 카페〉 등이 있다.

행복 문자

자신은 2위로 만족한다고 일단 말하면, 당신의 인생은 그렇게 되기 마련이라는 것을 나는 깨달았다.

존 F. 케네디

"이 정도만 해도 충분해", "최고가 아니어도 괜찮아!"
이런 말을 즐겨 쓰지 않으신가요?
이런 사람들은 최고가 될 기회가 찾아와도
스스로 자신의 능력을 낮추는 까닭에 최고의 반열에 오르지 못합니다.

Today Memo

존 F. 케네디 (John Fitzgerald Kennedy, 1917~1963) 미국 제35대 대통령을 지냈다. 1960년 대통령 선거에서 최연소로 당선되었다. 중남미 여러 나라와 '진보를 위한 동맹'을 결성했고, 평화봉사단을 창설했다.

행복 문자

세상은 고통으로 가득하지만 한편 그것을 이겨내는 일로도 가득 차 있다.

헬렌 켈러

보통 사람은 하나의 장애를 극복하는데도 엄청난 고통을 겪습니다. 헬렌 켈러는 시각과 청각에 장애를 갖고 있었지만, 세상 사람들에게 엄청난 감동과 용기를 주었습니다. 고통으로 가득한 세상에서 그것을 이겨내는 방법을 몸으로 보여주었습니다.

헬렌 애덤스 켈러 (Helen Adams Keller, 1880~1968) 시각과 청각 장애를 이겨낸 작가 · 정치 활동가 · 교육자다. 앤 설리번 선생과 자신의 노력으로 극복한 유년시절을 다룬 영화 〈미라클 워커〉로 전 세계에 널리 알려졌다.

행복 문자

스스로를 신뢰하는 사람만이 다른 사람들에게 성실할 수 있다.

에리히 프롬

자신감 없는 사람은 책임질 말과 행동을 할 가능성이 그만큼 낮습니다.
무엇보다 자신의 의지를 믿고,
행동 하나하나에 책임을 지는 그런 사람으로
성장하도록 늘 자신을 다듬어야 합니다.

에리히 핀카스 프롬 (Erich Pinchas Fromm, 1900~1980) 사회심리학자이자 정신분석학자, 인문주의 철학자이다. 저서 《자유로부터의 도피》가 있다.

자녀에게 물려줄
최상의 유산은 자립해서 제 길을 갈 수 있는
능력을 길러 주는 것이다.

이사도라 덩컨

물질만능주의 시대, 돈으로부터 자유로울 사람은 없습니다.
까닭에 자녀에게 많은 유산을 물려주고 싶은 부모도 많습니다.
하지만 그것이 꼭 최선일까요? 아이가 자신의 인생을
스스로 헤쳐갈 능력을 길러주는 일, 돈보다 값진 유산입니다.

Today Memo

이사도라 덩컨 (Isadora Duncan, 1877~1927) 현대 무용의 어머니로 꼽히는 예술가다. 창작무용을 창조적 예술로 끌어올린 무용가로 평가받는다.

행복 문자

자기를 이긴다는 것은
승리 중에서 최대의 것이다.

플라톤

가장 이기기 힘든 적은 누구일까요?
바로 자신입니다. 자신감이 있는 사람은 자신에게 엄격하고,
유혹을 과감하게 물리치는 힘을 갖고 있습니다.
하지만 대다수의 사람은 자신과의 싸움에서 질 때가 더 많습니다.
어떤 사람이 되고 싶으신가요?

Today Memo

플라톤 (Plato, BC 428~BC 348) 고대 그리스의 철학자로 형이상학을 수립한 인물이다. 저서 《소크라테스의 변명》을 남겼다.

청춘의 꿈에 충실하라.

실러

꿈 많은 청소년 시기, 미래의 밑그림을 그리는 희망찬 때입니다.
그렇지만 자신이 그렸던 그 꿈을 충실히 이룬 사람은 많지 않습니다.
돌이켜 보면 후회와 미련이 남는 일들이 살아온
세월만큼 발자욱 뒤에 쌓여있습니다.
젊은 날의 꿈을 이루십시오.

Today Memo

프리드리히 실러 (Johann Christoph Friedrich von Schiller, 1759~1805) 독일의 국민시인으로 괴테와 더불어 독일 고전주의 문학의 거성으로 꼽힌다. 《빌헬름 텔》이 대표작이다.

행복 문자

정신을 집중시켜 일하면 불가능할 것이 없다.

주자

낙숫물이 돌멩이에 구멍을 뚫는 것은 매번 같은 자리에 물을 떨어뜨리기 때문입니다. '정신일도 하사불성(精神一到 何事不成)' 집중하면 이루지 못할 게 없다는 것을 모르는 사람은 없습니다. 다만 평범한 진리를 실천하기 힘들 뿐입니다.

주자 (朱子, 1130~1200) 송나라 시대의 유학자로 주자학을 집대성했다. 우주가 형이상학적인 '이(理)'와 형이하학적인 '기(氣)'로 구성되어 있다고 생각했다.

행복 문자

우리가 사는 환경은 우리가 만들어 가는 것이다 내가 바뀔 때 인생도 바뀐다!

앤드루 매튜스

"바뀌어야 산다!" 많은 전문가들이 변화 패러다임을 강조합니다.
자신의 환경은 그 누구도 아닌 스스로 만든 것입니다.
여러 변화를 모색하면서 좀 더 지혜로워지고,
좀 더 성실하게 살아가는 노력을 기울여야 합니다.

Today Memo

앤드루 매튜스 (Andrew Matthews, 1961~) '행복을 그리는 철학자'로 불리는 동기부여 전문가이다. 《마음 가는 대로 해라》라는 책을 낸 베스트셀러 작가이다.

행복의 원칙은 첫째 어떤 일을 할 것,
둘째 어떤 사람을 사랑할 것,
셋째 어떤 일에 희망을 가질 것이다.

칸트

아무것도 하지 않으면서 활기가 넘치는 사람을 만난 적은 없습니다.
남을 미워하면서 자신이 편해 보이는 사람도 보지 못했습니다.
늘 투정하는 사람이 즐거운 모습도 보지 못했습니다.
그런 사람들은 행복과 담을 쌓고 살기 때문입니다.

Today Memo

이마누엘 칸트 (Immanuel Kant, 1724~1804) 독일 관념철학의 기초를 다진 철학자이다. 근대 계몽주의를 정점에 올려놓은 인물이다. 대표작으로 《순수이성비판》이 있다.

이 세상을 움직이는 힘은 희망이다.
수확을 할 희망이 없다면
농부는 씨를 뿌리지 않는다.
이익을 얻을 희망이 없다면,
상인이 장사를 시작하지 않는다.
좋은 희망을 품는 것은 바로 그것을
이룰 수 있는 지름길이다.

마르틴 루터

Today Memo

마르틴 루터 (Martin Luther,1483~1546) 독일의 종교개혁자이자 신학자로, 교황에 맞선 새로운 교회 '루터파 교회'를 창립했다. 저서 《그리스도인의 자유에 대하여》가 대표작이다.

행복 문자

인간의 행복의 원리는 간단하다. 불만에 자기가 속지 않으면 된다. 어떤 불만으로 해서 자기를 학대하지만 않는다면 인생은 즐거운 것이다.

버트런드 러셀

자신을 사랑하는 사람은 불만을 쉽게 내뱉지 않습니다.
무엇이든 할 수 있다는 믿음으로 자신을 스스로 무장합니다.
그러기에 아무리 버거운 일이 닥쳐도
즐겁게 자신의 일을 처리하는 능력이 생깁니다.

버트런드 아서 윌리엄 러셀 (Bertrand Arthur William Russel, 1872~1970) 영국의 수학자, 철학자이자 논리학자다. 20세기를 대표하는 지성인으로 평가받는다. 대표작으로 《철학의 제문제》가 있다.

행복 문자

'할 수 있다. 잘 될 것이다'라고 결심하라. 그러고 나서 방법을 찾아라.

링컨

누구나, 언제든 할 수 있는 아주 쉬운 말입니다.
그렇지만 이렇게 쉬운 한두 마디를 실천에 옮기기는 왜 어려울까요?
잘 되리라는 믿음을 갖고, 스스로 할 수 있는 최선을 한다면
어려운 일도 쉽게 풀어갈 수 있습니다.

Today Memo

에이브러햄 링컨 (Abraham Lincoln, 1809~1865) 미국의 제16대 대통령. 노예해방을 선언한 대통령으로 미국인으로부터 가장 존경받는다. 게티즈버그의 연설 "국민에 의한, 국민을 위한, 국민의 정부"가 가장 유명하다.

행복 문자

자신이 특별한 인재라는 자신감만큼 그 사람에게 유익하고 유일한 것은 없다.

데일 카네기

부처님 가르침 중에 '천상천하 유아독존'은 자신감의 발로입니다.
세상 그 어디에도 나와 같은 사람이 없는데,
자신을 비하하고, 무기력하게 구는 것은 어리석은 일입니다.
특별한 인재는 그 누구도 아닌 바로 자신입니다.

Today Memo

데일 카네기 (Dale Carnegie, 1888~1955) 수많은 실패를 경험한 끝에 성공학의 대가로 유명세를 떨쳤다. 대표 저서로 《카네기 인간관계론》이 있다.

행복 문자

상상은 창조의 시작이다. 인간은 자신의 욕망을 상상하고, 그 상상을 기대하고, 결국 그 기대한 바를 창조한다.

버나드 쇼

사람에게 주어진 위대한 능력은 상상할 수 있는 힘입니다. 눈에 보이는 것만 알아차리고, 그것밖에 할 수 없다면, 동물과 다를 게 없습니다. 오늘이 아닌 내일을 그리는 힘, 그것이 바로 자신을 키우는 것입니다.

Today Memo

조지 버나드 쇼 (George Bernard Shaw, 1856~1950) 노벨문학상을 수상한 극작가, 최대 걸작으로 《인간과 초인》이 꼽힌다.

내 아이에게 전해주는 오늘의 행복 문자

성실 & 근면

Faithfulness & Diligence

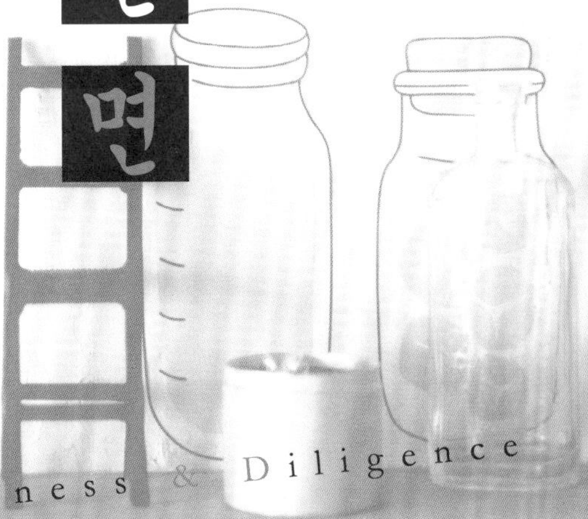

행복 문자

오늘의 하루는 내일의 두 배의 가치가 있다. 오늘 할 수 있는 일을 내일로 미루지 말라.

프랭클린

'좋은 습관이 좋은 결과를 낳는다.' 모르는 사람이 있을까요?
지금 할 일을 미루지 않는 것만큼 자신을 변화시키는 것은 없습니다.
미루는 습관은 내 마음에 핀 곰팡이입니다.

Today Memo

벤저민 프랭클린 (Benjamin Franklin, 1706~1790) 미국 독립의 아버지로 추앙받는다. 절제 있는 생활을 기록한 '자기관리 수첩'이 〈프랭클린 다이어리〉로 발전해 많은 이들의 삶을 가치 있게 이끌고 있다.

행복 문자

자신이 하는 일을 재미없어 하는 사람치고 성공하는 사람을 못 봤다.

데일 카네기

성실한 사람은 묵묵히 일만 하는 것 같지만,
자신이 하는 일에 재미를 느끼고 있습니다. 누군가에게 도움이 되고,
스스로 재미있어 하는데 성공 못할 이유가 없습니다.
공부 재미에 빠지는 일, 청소년기에 길러야 할 좋은 덕목입니다.

데일 카네기 (Dale Carnegie, 1888~1955) 수많은 실패를 경험한 끝에 성공학의 대가로 유명세를 떨쳤다. 대표 저서로 《카네기 인간관계론》이 있다.

거둔 열매가 아닌 뿌린 씨앗으로 하루를 판단하라.

로버트 루이스 스티븐슨

과정보다 결과를 더 중시하는 사람이 많습니다.
오늘 어떤 마음가짐으로 하루를 시작했는지,
하루를 보내면서 스스로 어떤 노력을 기울였는지, 자신을 반성하며
되돌아보는 시간을 거르지 않아야 합니다.

Today Memo

로버트 루이스 스티븐슨 (Robert Louis Balfour Stevenson, 1850~1894) 《보물섬》의 작가다. 영국 소설가로 대표작은 《지킬 박사와 하이드씨》이다.

행복 문자

자신의 부족함을 깨달음으로써 충실한 사람이 된다.

아우구스티누스

천재라고 불리는 사람들은 자신의 부족한 점을 먼저 깨닫고, 그것을 보완하는 노력을 끊임없이 기울였습니다. 무려 1천 여 개가 넘는 발명품을 발명한 에디슨 역시 자신의 부족함을 채우기 위해 수만 번의 실험을 거듭했습니다.

아우렐리우스 아우구스티누스 (Aurelius Augustinus, 354~430) 초기 그리스도교 교회가 낳은 위대한 철학자다. 중세의 새로운 문화를 탄생하게 한 선구자로 《고백록》이 전해진다.

헤매는 하루하루가 인생이다.
시간은 당신을 기다려 주지 않는다.

괴테

습관 하나를 바꾸는데 보통 21일이라는 시간이 필요하다고 합니다.
시간을 아껴쓰는 습관은 노력하기에 따라 누구나 들일 수 있습니다.
기다려주지 않고 무정하게 흘러가는 그 시간을
지혜롭게 쓰는 근면함을 배워야 합니다.

Today Memo

요한 볼프강 괴테 (Johann Wolfgang von Goethe, 1749~1832) 독일의 시인 · 극작가 · 정치가 · 과학자이다. 바이마르 공국(公國)의 재상을 지냈다. 대표작으로 《파우스트》가 있다.

행복 문자

이미 흘러간 물로는 물레방아를 돌릴 수 없다.

프랭클린

지나간 일을 되씹으며 아쉬워하지 마십시오.
과거에 발목이 붙잡혀 있으면 앞으로 전진할 수 없습니다.
지나간 일에 집착하기보다 새롭게 시작할 일에 힘을 쏟아야 합니다.
흘러간 물로 물레방아를 돌릴 수 없는 까닭입니다.

벤저민 프랭클린 (Benjamin Franklin, 1706~1790) 미국 독립의 아버지로 추앙받는다. 절제 있는 생활을 기록한 '자기관리 수첩'이 〈프랭클린 다이어리〉로 발전해 많은 이들의 삶을 가치 있게 이끌고 있다.

행복 문자

젊음을 함부로 하지 마라.
공부도, 연애도, 노는 것도 열심히 하라.

피천득

시간은 되돌려지지 않습니다. 지나가면 그만입니다.
백발이 되어도 마음은 10대의 열정, 활력으로 넘치기도 하지만
젊은 날로 되돌리지는 못합니다. 젊은 시절을 성실하게 보내야 합니다.

Today Memo

피천득 (皮千得, 1910~2007) 시인, 수필가, 영문학자. 주요 작품으로 수필집 《은전 한 닢》, 《인연》 등이 있다. 그의 수필은 섬세하고도 다감한 문체로 명성이 높았다.

위대한 사람은 단번에 그와 같이
높은 곳에 뛰어오르는 게 아니다.
다른 사람들이
잘 시간에 그는 일어나서
괴로움을 이기고 일에 몰두했던 것이다.
인생은 자고 쉬는데
있는 것이 아니라
한 걸음 한 걸음 걸어가는데 있다.

로버트 브라우닝

Today Memo

로버트 브라우닝 (Robert Browning, 1812~1889) 영국 빅토리아 시대를 대표하는 시인. 《리포 리피 신부》, 《안드레아 델 사르토》 등의 명작을 남겼다.

값진 성과를 얻으려면
한걸음 한걸음이 충실해야 한다.

단테

작은 일을 소홀히 하면 나중에 그 일로 큰 화가 생기기도 합니다.
성공한 사람들은 자기감정을 잘 통제하고,
약속한 일을 항상 지키고,
계획한 일을 순서대로 처리했는지 살펴보는 것을 잊지 않습니다.

Today Memo

알리기에리 단테 (Alighieri Dante, 1265~1321) 불후의 명작 《신곡》의 저자. 13세기 이탈리아의 시인으로, 예언자로도 불린다. 중세의 정신을 종합한 문예부흥의 선구자다.

행복 문자

소망은 너무 높게 가지지 말라. 올라가지 못할 소망을 너무 높게만 가지면 눈앞의 할 일마저 놓치고 만다.

에머슨

자신의 능력이 미치지 못할 거대한 포부를 갖고 있다면
우선 욕망의 부피를 줄여야 합니다.
잠재력이 충분하고 그만한 준비가 되어 있으면
큰 소망이 성장동력이 되지만,
욕망만 크다면 당장 할 일에도 최선을 다하기 어렵습니다.

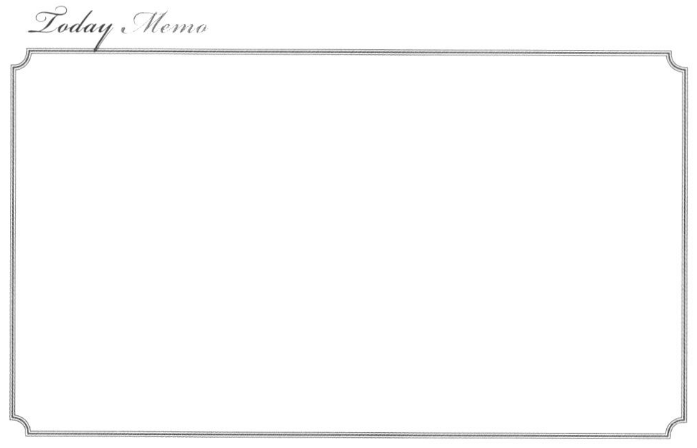

랠프 왈도 에머슨 (Ralph Waldo Emerson, 1803~1882) 미국의 사상가 겸 시인이다. 자연과의 접촉에서 고독과 희열을 발견한 신비적 이상주의였다. 《자연론》, 《대표적 위인론》 등의 저서가 있다.

행복 문자

인생은 흘러가는 것이 아니고 성실로써 내용을 이루어 가는 것이다.

러스킨

큰 강물은 흐르지 않는 듯 고요합니다.
하지만 강물 속에서는 윗물이 아랫물을 끊임없이
밀어내 바다를 향해 흐릅니다. 인생도 마찬가지입니다.
성실하게 보낸 하루가 쌓여 현재와 미래 모습이 결정되는 것입니다.

Today Memo

존 러스킨 (John Ruskin, 1819~1900) 영국의 비평가, 사회사상가로 '예술의 기초는 민족 및 개인의 성실성과 도의에 있다'고 주장했다. 대표작으로 《건축의 칠등(七燈)》이 있다.

행복 문자

오늘의 식사는 내일로 미루지 않으면서, 오늘 할 일은 내일로 미루는 사람이 많다.

카를 힐티

쉽고 편한 것은 먼저 챙기면서, 힘들고 귀찮은 일은 미루지 않는지요?
오늘 저녁 식사를 내일 저녁으로 미루는 사람은 없습니다.
미루는 습관이 있는 사람은 마지막에 허둥지둥,
자신의 역량을 제대로 발휘할 기회마저 잃고 맙니다.

카를 힐티 (Carl Hilty, 1833~1909) 스위스의 사상가, 법률가다. 《행복론》을 저술한 국제법의 대가이다. 그리스도교 신앙을 바탕으로한 이상주의적 사회개량주의자였다.

행복 문자

지나친 휴식은 자신을 녹슬게 한다.

월터 스콧

몸과 마음을 쉬게 하는 휴식은 열심히 일한 것만큼 중요합니다.
하지만 지나치게 쉬게 되면, 몸과 마음이 노는 것에 익숙해집니다.
효율적이고, 생산적이어야 할 휴식을 비효율,
방향성 없는 무의미한 휴식으로 만들어서는 안됩니다.

Today Memo

월터 스콧 (Walter Scott, 1771~1832) 영국의 역사소설가 · 시인 · 역사가. 《최후의 음유 시인의 노래》, 《마미온》, 《호수의 여인》 등의 3대 서사시로 유명하다.

행복 문자

암초를 만나면 신을 찾되, 노는 열심히 저어라.

인도 속담

성공한 사람들은 남보다 더 뛰어난 머리를 갖고 있고,
더 운이 좋다고 생각하기 쉽지만,
그들은 남보다 더 성실하게 자신의 일에 최선을 다했습니다.
할 수 있는 일에 최선을 다하고, 다음에 행운을 기다려야 합니다.

Today Memo

행복 문자

현재에 열중하라. 오직 현재 속에서만 인간은 영원을 알 수 있다.

괴테

하늘을 나는 새는 먹이를 쌓아두지 않습니다.
배고프면 먹이를 찾아 비행사냥을 다닐 뿐입니다.
다음 일을 앞서 걱정하지 않는 그들의 느긋함이 부럽습니다.
현재에 집중하는 힘, 동물에게 배워야 할 때가 더 많은 듯싶습니다.

요한 볼프강 괴테 (Johann Wolfgang von Goethe, 1749~1832) 독일의 시인 · 극작가 · 정치가 · 과학자이다. 바이마르 공국(公國)의 재상을 지냈다. 대표작으로 《파우스트》가 있다.

행복한 생활은 마음의 평화에서 성립된다.

키케로

행복은 멀리 있는 것일까요? 아닙니다.
자신의 현재에 만족하고, 편안한 마음을 갖는 것이
행복의 문으로 들어서는 지름길입니다. 오늘 하루에 만족하면서
열심히 일하는 것이 바로 행복입니다.

Today Memo

마르쿠스 키케로 (Marcus Tullius Cicero, BC 106~BC 43) 로마 시대에 활약한 정치가 · 웅변가 · 문학가 · 철학자이다. 《국가론》이 대표작이다.

행복 문자

청춘은 다시 돌아오지 않고 하루에 새벽은 한번뿐이다. 좋은 때에 부지런히 힘쓸지니 세월은 사람을 기다리지 않는다.

도연명

야속한 것이 시간입니다. 기다려 주지 않으니
매 순간, 최선을 다하는 수밖에 없습니다.
인생을 살찌울 청소년기는 다시 돌아오지 않는 귀한 시간입니다.
더 풍요로운 앞날을 위해 노력해야 합니다.

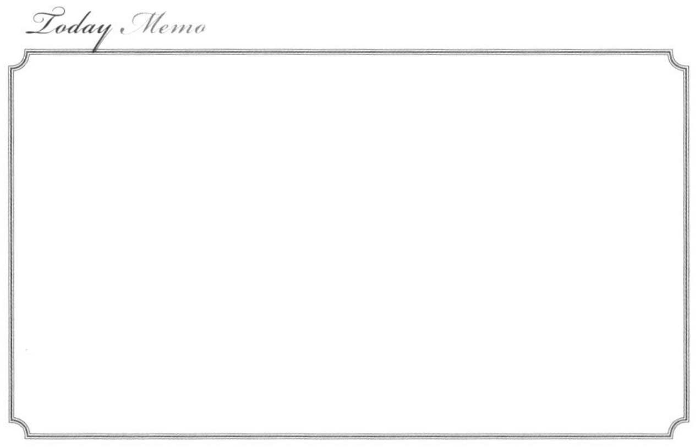

도연명 (陶淵明, 365~427) 중국 진나라 시대 시인으로 맹호연, 왕유 등의 시풍에 영향을 끼쳤다. 대표작으로 《귀거래사》가 있다.

행복 문자

청년이여 일하라. 좀 더 일하라. 끝까지 열심히 일하라.

비스마르크

풍요로운 인생을 누리려면 열심히 일을 해야 합니다.
남보다 더 많이, 그리고 끝까지… 최선을 다하는 자세로 공부든,
일이든 열정을 바쳐야 합니다.

Today Memo

오토 폰 비스마르크 (Otto Eduard Leopold von Bismarck, 1815~1898) 철혈 재상으로 불리는 인물로 독일 제국을 건설해 제2제국 수립 후 초대 수상이 되었다. 저서로 《회상록》이 있다.

56

행복 문자

천재(天才)란 하늘이 주는 1%의 영감과, 그가 흘리는 99%의 땀으로 이루어진다.

에디슨

성실과 근면을 강조할 때, 이 말처럼 자주 인용되는 명언은 없습니다.
자신이 할 일을 찾아서 꾸준히 노력하는 사람은
천재가 될 수 있는 99%의 가능성을 손에 쥔 것이나 다름없습니다.
노력하지 않고 바라는 것은 '도둑의 마음'입니다.

토머스 앨바 에디슨 (Thomas Alva Edison, 1847~1931) 미국의 발명가. 1,093개의 미국 특허가 에디슨의 이름으로 등록되어 있다. 어둠을 밝히는 전구는 인류 발전에 큰 기여를 했다.

행복 문자

천재는 노력하기 때문에 어떤 일에도 탁월하다. 그러나 천재는 탁월하기 때문에 그 일에 노력하는 것이다.

해즐릿

관심 분야에 집중하는 힘은 탁월한 능력을 발휘한
사람들의 공통점입니다. 구체적이고 뚜렷한 목표가 생기면,
걸맞는 노력을 하게 되고, 또 구체적인 결과를 얻을 수 있습니다.
노력하는 것은 아름다운 행동입니다.

Today Memo

윌리엄 해즐릿 (William Hazlitt, 1778~1830) 19세기 영국의 비평가, 수필가이다. 《셰익스피어극의 성격》, 《영국 시인론》 등의 작품이 있다.

행복 문자

때를 놓치지 말라.
이 말은 인간에게 주어진 영원한 교훈이다.
그러나 인간은 이것을 그리 대단치 않게
여기기 때문에 좋은 기회가 와도
그것을 잡을 줄 모르고
때가 오지 않는다고 불평만 한다.
하지만 때는 누구에게나 오는 것이다.

앤드루 카네기

앤드루 카네기 (Andrew Carnegie, 1835~1919) 미국 철강왕으로 불린다. US스틸사의 모태인 카네기철강회사를 설립해 막대한 부를 일궈낸 그는 자선 사업과 교육, 문화 사업에 헌신했다.

스스로 돕지 않는 자에게는 기회도 힘을 빌려주지 않는다.

소포클레스

우리가 하는 일상적인 행동의 90%는
습관에 의한 기계적인 일이라고 합니다. 자기발전을 위해서
기계적으로 반복하는 습관 중 상당 부분을 구체적이고
바람직하게 바꿔야 합니다.
그것이 이루어지지 않으면 기회가 찾아와도 또 놓치고 맙니다.

Today Memo

소포클레스 (Sophocles, BC 496~BC 406) 고대 그리스 3대 비극 시인 중의 한 명이다. 정치가로서도 탁월한 식견을 보였다. 대표작은 《아이아스》, 《안티고네》 등이다.

행복 문자

시작하는 데 있어서 나쁜 시기란 없다.

카프카

매우 신중한 사람이거나 반대로 자신감이 부족한 사람은
어떤 일을 시도할 때, 좋은 시기를 가리려고 합니다.
필요에 따라서 시기를 가려야 할 일도 물론 있습니다.
하지만 시작하는 시기가 따로 있을까요?
마음먹은 그때 바로 실천하는, 즉시 실행력을 키워야 합니다.

프란츠 카프카 (Franz Kafka, 1883~1924) 존재의 불안을 통찰한 실존주의 문학의 선구자로 평가받는다. 대표작으로 《변신》이 있다.

현명한 사람은 그가 발견하는 이상의 많은 기회를 만든다.

베이컨

똑같은 일을 하면서 좀 더 나은 방법을 찾으려는
사람은 좋은 기회를 더 많이 만나고 찾습니다.
사과나무 아래서 사과가 떨어지기를 기다리는 사람과 잘 익은 사과를
직접 수확하는 사람과는 분명한 차이가 있습니다.

Today Memo

프란시스 베이컨 (Francis Bacon, 1561~1626) 영국 고전경험론의 창시자이다. 그의 귀납적 관찰 방법은 근대 과학정신의 초석이 되었다. 대표작으로 《학문의 진보》가 있다.

행복 문자

밝은 성격은 어떤 재산보다도 귀하다.

앤드루 카네기

성실한 사람은 짜증을 잘 내지 않습니다.
자신의 삶에 충실하기 때문에 크고 작은 스트레스에 흔들리지 않는
평정심을 갖고 있습니다. 자신있게 행동하므로
표정이 더 밝아져 하는 일마다 술술 풀립니다.

앤드루 카네기 (Andrew Carnegie, 1835~1919) 미국 철강왕으로 불린다. US스틸사의 모태인 카네기철강회사를 설립해 막대한 부를 일궈낸 그는 자선 사업과 교육, 문화 사업에 헌신했다.

행복 문자

행운은 마음의 준비가 있는 사람에게만 미소를 짓는다.

파스퇴르

행운이 유난히 따르는 듯한 사람이 있습니다.
남과 다를 바 없는 노력을 하는데도 결과가 좋은 사람을 보면
부럽습니다. 그렇지만 그들은 더 많은 준비와 노력을 했습니다.
다가올 기회를 대비해 미리 충분한 자격조건을 갖추어 놓았습니다.

Today Memo

루이 파스퇴르 (Louis Pasteur, 1822~1895) 프랑스의 화학자 · 미생물학자. 화학조성 · 결정구조 · 광학활성의 관계를 연구해 입체 화학의 기초를 세웠다. 저온살균법을 고안해 프랑스의 포도주 제조에 공헌했다.

행복 문자

행동의 씨앗을 뿌리면 습관의 열매가 열리고, 습관의 씨앗을 뿌리면 성격의 열매가 열리고, 성격의 씨앗을 뿌리면 운명의 열매가 열린다.

나폴레옹

원인 없는 결과는 없습니다. 아무것도 시도하지 않았는데, 새로운 것이 만들어지지 않습니다. 씨앗을 뿌려야 열매가 맺듯, 좋은 내일을 맞기 위해 행동해야 하고, 더 좋은 습관을 들여야 합니다.

나폴레옹 1세 (Napoleon Bonaparte, 1769~1821) 프랑스의 군인, 제1통령, 황제를 지냈다. 개혁정치를 실시했다. 러시아 원정 실패로 엘바섬에, 워털루 전투 패배로 세인트 헬레나섬에 유배되었다.

햇빛이 비치는 동안에 건초를 만들자.

세르반테스

해야 할 때를 놓치지 않는 것이 지혜롭게 사는 길입니다. 흐린 날 빨래를 하면, 잘 마르지 않을뿐더러 자칫하면 옷에서 쉰내가 나기도 합니다. 오늘 해야 할 일, 내일 해도 되는 일을 잘 선택하는 것이 성실하고, 근면한 사람이 되는 길입니다.

Today Memo

미겔 데 세르반테스 (Miguel de Cervantes, 1547~1616) 스페인의 작가로 기사 이야기를 패러디한 소설 《돈키호테》를 썼다. 해적에게 붙잡혀 알제리에서 노예생활을 하기도 했다.

행복 문자

한 사람의 근면, 착실, 정직한 모습은 당대뿐만 아니라 후세에까지 영향을 미치게 된다. 왜냐하면 그의 선행과 인격이 무의식적으로 남의 생활 속으로 스며들어가 후대에까지 모범이 되기 때문이다.

새뮤얼 스마일스

새뮤얼 스마일스 (Samuel Smiles, 1812~1904) 영국 저술가, 사회운동가다. "하늘은 스스로 돕는 자를 돕는다"는 말이 등장하는 《자조론》은 성공학의 원조로 꼽힌다.

하루에도 여러 번 나는 자신을 돌아본다.
해야 할 일은 충실히 실행하였는지,
또 친구들에게 신의를 잃는 행동을
하지는 않았는지,
또 내가 배운 것을 몸소 실행에
옮겼는지 말이다.

증자

Today Memo

증자 (曾子, BC 506~BC 436) 중국 춘추시대의 유학자. 공자의 도를 계승한 인물로 동양 5성인의 하나이다. 효(孝)와 신(信)을 도덕행위의 근본으로 삼았다.

행복 문자

기회는 새와 같은 것, 날아가기 전에 꼭 잡아라.

새뮤얼 스마일스

하늘을 마음껏 날아오르는 새를 잡기는 쉽지 않습니다.
우리에게 찾아온 기회도 내 곁에 항상 머물지 않습니다.
내 곁에 찾아온 기회를 제대로 활용하기 위해서
무엇보다 오늘을 성실하게 사는 지혜가 필요합니다.

새뮤얼 스마일스 (Samuel Smiles, 1812~1904) 영국 저술가, 사회운동가다. "하늘은 스스로 돕는 자를 돕는다"는 말이 등장하는 《자조론》은 성공학의 원조로 꼽힌다.

유감없이 보낸 하루는 즐거운 잠을 가져온다 잘 보낸 일생은 편안한 죽음을 가져온다.

레오나르도 다빈치

잠자리에 들 때, 어떤 생각을 하시는지요?
자리에 누워 오늘 하루를 되돌아보는
짧은 명상의 시간을 갖는 습관을 들이는 게 좋습니다.
이렇게 하면 내일은 분명 더 알찬 하루를 보내게 될 것입니다.

Today Memo

레오나르도 다빈치 (Leonardo da Vinci, 1452~1519) 르네상스 시대를 대표하는 천재적 미술가 · 과학자 · 기술자 · 사상가다. 대표작으로 〈모나리자〉가 있다.

행복 문자

세월은 본래 길건만 바쁜 자는
스스로 줄이고, 천지는 본래 넓건만
천한 자는 스스로 좁히며,
바람과 꽃과 눈과 달은
본래 한가한 것이건만 악착같은 자는
스스로 분주하니라.

채근담

채근담 (菜根譚) 중국 명나라 시대 환초도인 홍자성의 어록으로 유교에 뿌리를 두고, 도교와 불교 사상까지 폭넓게 수용한 책이다. 제목은 "사람이 야채 뿌리를 잘 씹으면 곧 백년을 이룬다"는 말에서 따왔다.

행복 문자

시간을 선택하는 것은
시간을 절약하는 것이다.

베이컨

많은 일을 벌인다고 많은 수확이 얻어지는 것은 아닙니다.
시간을 활용하는 것도 마찬가지 이치입니다.
몰입하는 사람은 짧은 시간에 더 많은 성과를 얻습니다.
책상에 앉은 시간이 중요한 것이 아닙니다.
집중하는 시간, 몰입하는 힘을 키워야 합니다.

프란시스 베이컨 (Francis Bacon, 1561~1626) 영국 고전경험론의 창시자이다. 그의 귀납적 관찰 방법은 근대 과학정신의 초석이 되었다. 대표작으로 《학문의 진보》가 있다.

나는 장래의 일을 절대로 생각하지 않는다. 그것은 틀림없이 곧 오게 될 테니까.

아인슈타인

지난날에 대한 후회, 다가올 미래에 대한 걱정은
누구나 피하지 못하는 인지상정입니다. 후회와 걱정할
시간이 있다면 지금 현재에 더 집중해야 합니다.
행복은 과거와 미래의 것이 아니라 지금 이뤄야 하는 것입니다.

Today Memo

알베르트 아인슈타인 (Albert Einstein, 1879~1955) 물리학자로 상대성이론을 연구했다. 미국의 원자폭탄 연구인 맨해튼 계획의 시초를 이룬 인물이다. 그를 기념한 아인슈타인상(賞)이 제정되어 있다.

행복 문자

우리는 자명종 소리에 의해서가 아니라 새벽에의 무한한 기대감으로 깨어나는 법을 익혀야 하고 또한 스스로 늘 깨어 있어야만 한다.

소로우

아침에 눈 뜨기 힘들다면 자신에 대한 기대가 작은 사람입니다.
오늘 할 일을 즐겁게 맞이하고,
오늘 해야 할 일에 대해 자신감이 충만한 사람은
이부자리의 달콤한 유혹을 과감하게 떨쳐냅니다.

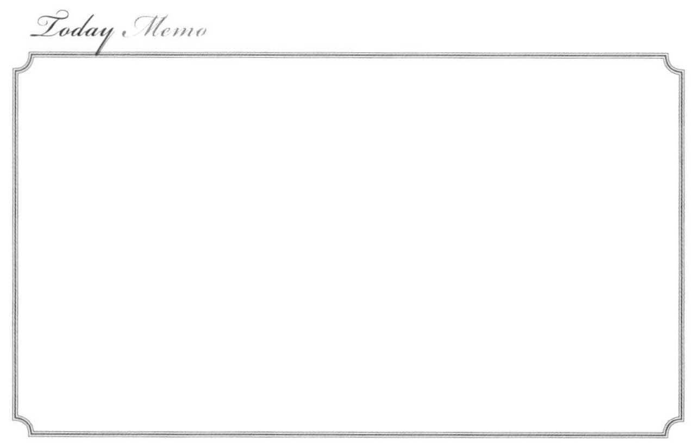

헨리 데이비드 소로우 (Henry David Thoreau, 1817~1862) 미국의 철학자 · 시인 · 수필가이다. 월든 호숫가에서 홀로 살면서 지낸 체험을 쓴 에세이 《월든》은 간디 등 후세 사람들에게 많은 감화를 주었다.

당신이 하는 거의 모든 일이 별로 의미 없는 일일 것이다. 그러나 당신이 그런 일들을 한다는 그 자체가 중요하다.

간디

모든 일에 의미를 부여할 수 없습니다.
하루의 일상은 습관으로 이루어지는 것들이 많습니다.
틀에 박힌 생활에 지루해 하기보다 그 속에서 나의 발전을 위한
올바른 길을 찾아내야 합니다.

Today Memo

마하트마 간디 (Mohandas Karamchand Gandhi, 1869~1948) 인도의 민족운동 지도자이자 인도 건국의 아버지다. 영국에 대해 비폭력 저항을 전개했다. 주요 저서로 《인도의 자치(自治)》가 있다.

강물이 모든 골짜기의 물을 포용할 수 있음은 아래로 흐르기 때문이다. 오로지 아래로 낮출 수 있으면 결국 위로도 오를 수 있게 된다.

회남자

벼는 익을수록 머리를 숙입니다.
겸손한 사람은 어느 자리에서나 환영받습니다.
자신을 낮출 줄 아는 지혜는 현명한 사람이 갖춘 덕목입니다.
바닷물이 강물을 감싸듯 넉넉한 마음을 지닌 큰 그릇이 되어야 합니다.

회남자 (淮南子) 중국 전한(前漢) 시대 회남왕(淮南王) 유안이 빈객과 방술가(方術家) 수천 명의 이야기를 모아서 묶은 책이다.

행복 문자

수천 그루의 나무로 울창해진 숲도 한 톨의 도토리로부터 비롯된 것이다.

에머슨

울창한 참나무숲, 저택에서 누리는 안락한 삶,
존경받는 인물… 하루아침에 이뤄지는 것은 없습니다.
처음에는 작은 씨앗에서, 무일푼에서 시작해 오늘을 만든 것입니다.
작은 출발이 큰 성과로 열매 맺도록 성실하게 살아야 합니다.

랠프 왈도 에머슨 (Ralph Waldo Emerson, 1803~1882) 미국의 사상가 겸 시인이다. 자연과의 접촉에서 고독과 희열을 발견한 신비적 이상주의자다. 《자연론》, 《대표적 위인론》 등의 저서가 있다.

행복 문자

등에 무거운 짐을 짊어지고, 먼 길을 가는 것이 인생이다. 그러기에 우리는 인생을 급히 달리지 말고 천천히 가야 한다.

공자

인생은 장거리 경주입니다. 하루가 쌓여서 한 달이 되고 일 년이 됩니다. 살아가면서 얻기도 하고 잃기도 합니다. 잃을 때 슬퍼하고, 얻을 때 너무 기뻐하지 마세요. 큰 그릇은 작은 일에 일희일비하지 않습니다.

공자 (孔子, BC 551～BC 479) 유교의 시조로 떠받들어지는 중국의 사상가이다. 최고의 덕을 인(仁)에서 찾았다. "자기 자신을 이기고 예에 따르는 삶이 곧 인(仁)"이라는 '극기복례(克己復禮)'를 강조했다.

기꺼이 일하고 한 일을 기뻐하는 사람은 행복한 사람이다.

괴테

적극적인 사람은 귀찮아 보이는 일도 즐겁게 받아들입니다. 또 그것을 해낸 것을 즐거워합니다. 적극적이고 즐거운 마음은 실력 있는 사람으로 변화시키는 '인생 비타민'입니다.

Today Memo

요한 볼프강 괴테 (Johann Wolfgang von Goethe, 1749~1832) 독일의 시인 · 극작가 · 정치가 · 과학자이다. 바이마르 공국(公國)의 재상을 지냈다. 대표작으로 《파우스트》가 있다.

행복 문자

모든 미완성을 괴롭게 여기지 말라.
미완성에서 완성을 도달하려 하는
력이 필요하기 때문에 신이 일부러 인간에게
수많은 미완성을 내려주신 것이다.

아놀드 하우저

최선을 다하면, 결과가 만족스럽지 않더라도 실망하거나
좌절할 일이 없습니다. 최선을 다한 것만으로 얻은 수확은 많습니다.
계획한 대로 되지 않는 것이 인생입니다.
그래서 인생은 도전할 가치가 더 많습니다.

아놀드 하우저 (Arnold Hauser, 1892~1978) 헝가리 출신의 미술사학자로 주로 영국에서 활동하였다. 20세기를 대표하는 지식인으로 평가받는다. 대표작으로 《문학과 예술의 사회사》가 있다.

단 일 분간도 쉴 수 없는 때처럼 행복스러운 일이 없다. 일하는 것, 이것만이 살고 있다는 증거이다.

파브르

바쁠 때 힘이 더 넘치는 사람은 성공할 가능성이 높습니다.
그 사람은 바쁜 일상을 즐기면서 기쁨을 찾을 줄 알기 때문입니다.
열심히 일하고, 활기차게 움직이는 것은 살아있는 행복입니다.

Today Memo

장 앙리 파브르 (Jean Henri Fabre, 1823~1915) 프랑스의 곤충학자 · 박물학자. 대표작으로 전 세계 많은 아이들의 호기심을 키운 《곤충기》가 있다.

81

행복 문자

사람은 항상 일을 하지 않으면 안 된다. 사람이 일함으로써 인간이 살아간다는 의의도, 행복도 모두 찾아낼 수 있다.

체호프

"'一日不作, 一日不食', 일하지 않으면 먹지 말라."
백장회해(百丈懷海) 선사의 이야기는 노동의 가치,
일의 기쁨을 알아야 한다는 것을 강조합니다.
진정한 행복을 찾기 위해 일의 즐거움을 누릴 줄 알아야 합니다.

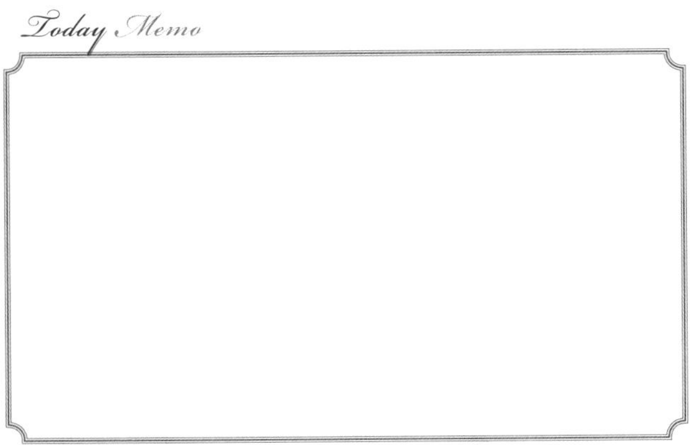

안톤 체호프 (Anton Pavlovich Chekhov, 1860~1904) 러시아의 소설가 · 극작가. 《대초원》, 《갈매기》, 《벚꽃 동산》 등 많은 희곡과 소설을 남겼다.

분주히 일하는 꿀벌은 슬퍼할 틈이 없다.

블레이크

바쁘면 잡념이 사라집니다. 일에 시간을 쏟으면 하루해가 짧습니다.
꿀을 찾아 쉼 없이 날갯짓하는 벌들처럼,
하루를 열심히 쪼개서 살아야 합니다.
일하는 즐거움에 푹 빠지면 슬픔이 비집고 들어올 틈은 없습니다.

Today Memo

윌리엄 블레이크 (William Blake, 1757~1827) 영국의 시인 · 화가. 신비로운 체험을 시로 표현했다. 《결백의 노래》, 《셀의 서(書)》, 《밀턴》 등의 작품이 있다.

행복 문자

정성들여 부지런히 땅에 씨 뿌리는 자가 수천 번 기도하여 얻은 것보다 더 풍성한 종교적 결실을 얻는다.

조로아스터

머릿속의 생각은 아무리 훌륭한 것이라도
행동으로 옮겨지지 않으면 아무 소용이 없습니다.
기도로 모든 게 이루어진다면, 땀 흘려 노력할 필요가 없겠지요.
기도하는 마음과 행동으로 옮기는 실천력이 조화를 이루어야 합니다.

조로아스터 (Zoroaster, BC 630(?)~BC 553(?)) 아후라 마즈다신의 계시를 받고 조로아스터교를 창시했다. 제례의식을 할 때 불을 피워놓아 배화교(拜火敎)로도 불린다.

최상의 행복은 일 년을 마무리할 때의 자신보다 더 나아졌다고 느끼는 것이다.

톨스토이

해가 바뀌면 너 나 할 것 없이 나이를 먹습니다.
나이 한 살이 보태졌을 때 자신의 인생이 지난해보다 더
나아졌다고 느낀다면 행복한 것입니다.
어제보다 나아진 나, 작년보다 성장한 나의 모습을 만들어야 합니다.

Today Memo

레프 톨스토이 (Lev Nikolaevich Tolstoi, 1828~1910) 러시아의 소설가 · 사상가. 도스토옙스키와 함께 러시아 문학을 대표하는 세계적 문호다. 대표작은 《전쟁과 평화》다.

행복 문자

노고 없이 얻어지는,
진정으로 귀중한 것이란 없다.

J. 애디슨

땀 흘려서 얻어진 것은 값집니다.
거저 생긴 물건이나 돈은 쉽게 써버리지만, 힘들게 번 돈,
어렵사리 만든 물건은 비록 작고 볼품없어도 더 소중한 법입니다.
구슬땀은 늘 보람이라는 값진 열매로 되돌아옵니다.

조지프 애디슨 (Joseph Addison, 1672~1719) 영국 수필가 · 정치가. 《드 카바리》라는 작품은 영국 근대소설 발전에 커다란 영향을 끼친 것으로 평가받는다.

The Department of Conservation is Undertaking Maintenance Works on The
• Explosives maybe used throughout the day
• Sentries will be posted
blasting is occuring
• All blasting operations will be
the airhorn
• The 'All Clear' at the end of the
long blasts of the airhorn

행복 문자

지나가는 때를 포착하여라.
시시각각을 선용하여라.
인간은 짧은 여름이고 사람은 꽃이다.

새뮤얼 존슨

제아무리 아름다운 꽃도 열흘을 채 넘기지 못하고 시들어버립니다.
성공가도를 달리는 사람도 언젠가는 내리막길을 만나게 됩니다.
좋은 때를 놓치지 않는 사람이 진정한 인생의 승자입니다.

새뮤얼 존슨 (Samuel Johnson, 1709~1784) 영국 시인 겸 평론가. 17세기 이후의 영국 시인 52명의 전기와 작품론을 정리한 10권의 《영국 시인전》이 대표작이다.

백년을 살 것같이 일하고 내일 죽을 것같이 기도하라.

프랭클린

기껏해야 백년을 넘기지 못하는 것이 사람의 생명입니다.
그렇지만 어느 한 분야에서 뚜렷한 족적을 남긴 사람은
그 이름을 후세까지 오래 남길 뿐만 아니라,
그의 업적이 인류의 삶의 질을 높이는데 도움을 줍니다.

Today Memo

벤저민 프랭클린 (Benjamin Franklin, 1706~1790) 미국 독립의 아버지로 추앙받는다. 절제 있는 생활을 기록한 '자기관리 수첩'이 〈프랭클린 다이어리〉로 발전해 많은 이들의 삶을 가치 있게 이끌고 있다.

행복 문자

개미 천 마리가 모이면 맷돌도 든다.

한국 속담

우수천석(雨垂穿石). 작은 빗방울이 계속 같은
자리에 떨어지면 돌멩이에도 구멍이 뚫린다고 합니다.
개미가 자기 몸집보다 큰 먹잇감을 옮기듯,
함께 뭉치면 못해낼 일이 없는 게 사람의 능력입니다.
아무리 어려운 상황도 지혜를 짜내면 깨치고 나갈 방법이 생깁니다.

Today Memo

백 권의 책에 쓰인 말보다 한 가지 성실한 마음이 더 크게 사람을 움직인다.

프랭클린

'말 한마디로 천 냥 빚을 갚는다'는 속담은
많은 것을 깨닫게 합니다.
진실하고 성실한 태도가 특출한 능력이나
풍부한 지식보다 더 값지게 평가받아야 합니다.

Today Memo

벤저민 프랭클린 (Benjamin Franklin, 1706~1790) 미국 독립의 아버지로 추앙받는다. 절제 있는 생활을 기록한 '자기관리 수첩'이 〈프랭클린 다이어리〉로 발전해 많은 이들의 삶을 가치 있게 이끌고 있다.

만약 행복을 얻고자 하거든 숲 속에서
버섯을 찾듯 먼저 행복을 찾아야 한다.
애써서 찾아야 한다. 그리고 그것을 찾거든
독버섯인가 아닌가를 잘 조사해야 한다.

고리키

행복은 가진 것이 적어도 얼마든지 누릴 수 있습니다.
마음속에 행복을 만드는 큰 에너지가 깃들어 있기 때문입니다.
결과만을 생각하는 사람은 행복을 찾아다니기만 할 뿐,
자신 속에 있는 귀한 '행복'을 꺼내쓸 줄 모릅니다.

막심 고리키 (Maksim Gor'kii, 1868~1936) 러시아 작가. 프롤레타리아 문학의 선구자로 소설 《어머니》가 대표작이다.

희망은 영원한 기쁨이다.
인간이 소유하고 있는 토지와 같은 것이다.
해마다 수익이 오르며,
결코 써버릴 수 없는 확실한 재산이다.

로버트 스티븐슨

퍼내도 퍼내도 줄어들지 않는 샘물은 사막의 오아시스처럼 값집니다. 내 마음에 있는 희망 역시 마찬가지입니다. 아무리 퍼내도 줄어들지 않습니다. 오히려 더 큰 희망으로 되돌려주는 엄청난 마력이 있습니다.

Today Memo

로버트 루이스 스티븐슨 (Robert Louis Balfour Stevenson, 1850~1894) 《보물섬》의 작가다. 영국 소설가로 대표작은 《지킬 박사와 하이드씨》이다.

행복 문자

험한 산에 오르기 위해서는 처음에 천천히 걸어야 한다.

셰익스피어

나지막한 산은 뛰어서도 오를 수 있지만,
험한 산을 오를 때 처음부터 뛰기 시작하면 지쳐 쓰러지기 쉽습니다.
여유 있게 천천히 걸음을 옮겨야 목적지에 닿는 것은
비단 산을 오르는 일에 그치지 않습니다. 우리 인생도 그와 같습니다.

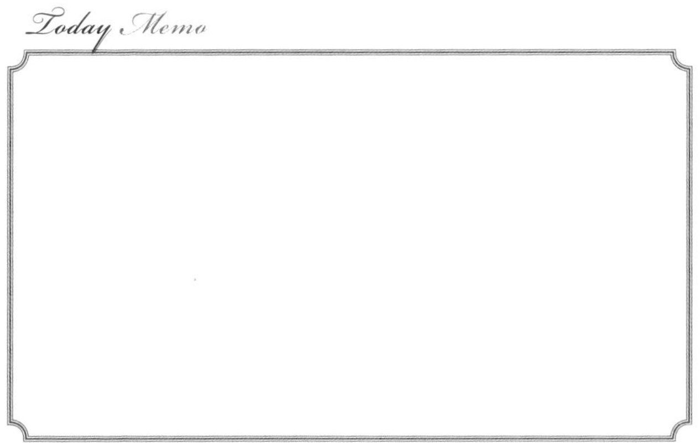

윌리엄 셰익스피어 (William Shakespeare, 1564~1616) 영어로 된 작품 중 최고라는 찬사를 받는 작가다. 《로미오와 줄리엣》, 《햄릿》 등의 대표 작품이 있다.

내 아이에게 전해주는 오늘의 행복 문자

Courage

결코 넘어지지 않는 것이 아니라 넘어질 때마다 일어서는 것, 거기에 삶의 가장 큰 영광이 존재한다.

넬슨 만델라

돌부리에 걸려 넘어져 보지 않은 사람이 얼마나 될까요?
넘어지는 것, 실패하는 것은 흠이 되지 않습니다.
다만 넘어져서 일어나지 못하는 것이
부끄럽습니다. 오뚝이처럼 일어서는 불굴의 용기를 배워야 합니다.

Today Memo

넬슨 만델라 (Nelson Rolihlahla Mandela, 1918~) 남아프리카공화국 최초의 흑인 대통령이자 흑인인권운동가이다. 자서전 《자유를 향한 머나먼 여정》이 있다.

인간이 가장 조심해야 할 것은 자기 안에 있는 두려움이다.

토마스 칼라일

마음속에서 즉시 없애야 할 것은 두려움입니다.
두려움이 넘치면 희망의 불꽃이 꺼지기 십상입니다.
의지가 약해질 때마다 스멀스멀 내 마음을 갉아먹으려 드는 두려움은
꼭꼭 싸매서 내다버려야 할 독약입니다.

토마스 칼라일 (Thomas Carlyle, 1795~1881) 영국 빅토리아 시대 지성인. 《의상철학》이라는 작품을 통해 에머슨을 비롯한 수많은 사상가들의 추종을 받았다.

행복 문자

인생에 대한 만족은 단순한 행복과는 다르다 가끔 어려운 선택이 새로운 기회를 가져오는 문을 여는 일이 될 수도 있다.

벤 버냉키

인생에서 결단의 순간은 여러 차례 찾아옵니다. 그럴 때 쉬운 길을 선택하면, 자신에게 찾아올 기회를 잃을 수 있습니다. 어려운 것을 선택할 줄 아는 진정한 용기가 인생을 새롭게 여는 나침반이 됩니다.

Today Memo

벤 버냉키 (Ben Shalom Bernanke, 1953~) 하버드대학교 경제학과를 수석 졸업한 수재로 미국 연방준비제도(Fed)이사회 의장이다.

행복 문자

실수를 저지른 적이 없는 사람은 새로운 것을 시도해본 적이 없는 것이다.

아인슈타인

에디슨이 전구를 발명하기 위해 실패한 실험 횟수는 1만 번이 넘습니다.
자신은 실수를 하지 않는다고 자랑하는 사람이 있다면,
그 사람은 새로운 것을 시도할 용기조차 없는 사람입니다.
실수를 두려워하지 않는 것, 진정한 용기입니다.

알베르트 아인슈타인 (Albert Einstein, 1879~1955) 물리학자로 상대성이론을 연구했다. 미국의 원자폭탄 연구인 맨해튼 계획의 시초를 이룬 인물이다. 그를 기념한 아인슈타인상(賞)이 제정되어 있다.

행복 문자

인간은 자신이 얼마큼 마음먹느냐에 따라 행복해진다.

링컨

내 마음속에는 많은 감정들이 깃들어 있습니다.
기쁨, 슬픔, 즐거움, 사랑, 고통이 있습니다. 행복도 마찬가지입니다.
작은 것을 누릴 때도 행복하다 느끼면 됩니다.
큰 것을 가져도 부족하다, 불행하다 느끼면 그 속에서 허우적거립니다.

Today Memo

에이브러햄 링컨 (Abraham Lincoln, 1809~1865) 미국의 제16대 대통령. 노예해방을 선언한 대통령으로 미국인으로부터 가장 존경받는다. 게티즈버그의 연설 "국민에 의한, 국민을 위한, 국민의 정부"가 유명하다.

행복 문자

진실한 용기는 두려움과 대담함 사이에서 나온다.

세르반테스

용기 있는 사람이라고 두려움이 없을까요? 그렇지 않습니다.
두려움을 극복하는 담대한 결단력을 남보다 더 갖고 있을 뿐입니다.
진정한 용기는 두려움을 극복하는 것에서 시작됩니다.

미겔 데 세르반테스 (Miguel de Cervantes, 1547~1616) 스페인의 작가로 기사 이야기를 패러디한 소설 《돈 키호테》를 썼다. 해적에게 붙잡혀 알제리에서 노예생활을 하기도 했다.

리더가 된다는 것은 기꺼이 위험을 감수하며 사람을 사랑하겠다는 의지이다.

허버트 험프리

리더는 평범한 사람과 다른 게 많습니다.
스스로에게 닥칠 위험을 기꺼이 감수하고,
자신을 따르는 사람을 아끼고 사랑하는 마음이 지극합니다.
리더의 덕목, 자질을 키워가는 사람이 되어야 합니다.

Today Memo

허버트 험프리 (Hubert Horatio Humphrey, 1917~1978) 미국 정치가로 존슨 대통령의 러닝메이트로 부통령이 되었다. '흑인 민권 향상의 투사'라는 평가받는다.

행복 문자

운명은 준비되어 있는 것이 아니라 스스로 결정하는 것이다.

토인비

태어나면서 부여받은 사주팔자대로만 살아야 한다면,
세상 살면서 도전해 볼 가치 있는 일은 아무것도 없습니다.
암흑 속에서 환하게 세상을 밝혀주는 등불이 존재하듯, 우리의 삶은
어떤 노력을 기울이느냐에 따라 다른 방향으로 발전할 수 있습니다.

아널드 조지프 토인비 (Arnold Joseph Toynbee, 1889~1975) 영국의 역사가. 새로운 역사학의 개척자로 평가받는다. 저서《역사의 연구》에서 독자적인 문명사관을 제시했다.

행복 문자

성공으로 향하는 길목에는 반드시 실패가 있다.

미키 루니

인생이 거칠 것 없는 탄탄대로를 달리는 자동차라면 얼마나 좋을까요. 성공으로 가는 길목에는 많은 장애가 도사립니다. 예상했던 위험이 닥치기도 하고, 전혀 생각지 못한 일에 부딪치기도 합니다. 그런 것을 극복하는 것이 바로 성공으로 가는 여정입니다.

Today Memo

미키 루니 (Mickey Rooney, 1920~) 미국 영화배우로 1937년 작품 〈소년과 바다〉로 데뷔, 2006년 작품 〈박물관이 살아있다〉까지 수많은 작품에 출연했다.

행복 문자

·학자들은 9m 이상 멀리뛰기는 불가능하다고 ·장했다. 하지만 나는 그 말을 무시해버렸다. 그런 생각들은 우리의 발목을 잡을 뿐이다.

칼 루이스

올림픽 4회 연속 출전, 9개의 금메달을 딴 루이스의 기록은 놀랍습니다.
과학자들의 분석을 보기 좋게 깨버린 그의 멀리뛰기 기록은
할 수 없다는 것을 해내겠다는 강한 의지와 자신감에 불타는
용기가 있기에 가능한 일이었습니다.

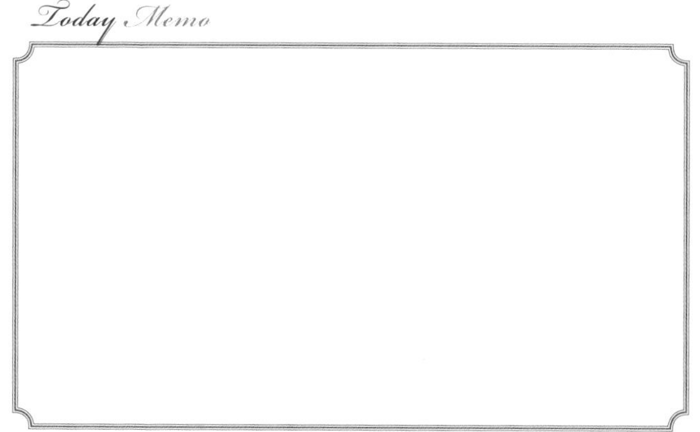

칼 루이스 (Carl Lewis, 1961~) '살아있는 전설'로 불리는 미국의 육상선수. 제23회 LA올림픽 4관왕을 시작으로 4회 연속 올림픽에 출전해 9개의 금메달을 땄다.

일이란 기다리는 사람에게 갈수도 있으나 끊임없이 찾아나서는 자만이 획득한다.

링컨

누구에게나 기회는 찾아옵니다. 그 기회를 자신의 것으로 거머쥐느냐,
그렇지 못하느냐는 자신의 노력에 달렸습니다.
기회는 그것을 찾아나서는 사람에게 훨씬 많이 다가옵니다.
그만큼 기회를 자신의 것으로 만들 수 있는 순간이 많아지는 셈이지요.

Today Memo

에이브러햄 링컨 (Abraham Lincoln, 1809~1865) 미국의 제16대 대통령. 노예해방을 선언한 대통령으로 미국인으로부터 가장 존경받는다. 게티즈버그의 연설 "국민에 의한, 국민을 위한, 국민의 정부"가 가장 유명하다.

행복 문자

미래는 일하는 사람의 것이다. 권력과 명예도 일하는 사람에게 주어진다. 게으름뱅이의 손에 누가 권력이나 명예를 안겨줄까?

카를 힐티

노력하지 않으면서 큰 것이 이루어지기를 바라는 것은 어리석은 일입니다. 잠을 줄여가며 공부에 집중하면, 내일 시험에서 더 좋은 점수를 받는다는 것을 모르는 사람은 없습니다. 미래를 내 것으로 만드는 일, 노력하는 사람은 이미 알고 있습니다.

카를 힐티 (Carl Hilty, 1833~1909) 스위스의 사상가, 법률가다. 《행복론》을 저술한 국제법의 대가이다. 그리스도교 신앙을 바탕으로한 이상주의적 사회개량주의자였다.

승리를 원한다면, 모든 것을 걸어야 한다.

나폴레옹

한꺼번에 두 가지, 세 가지 일을 잘 하는 사람은 드뭅니다.
최고의 성과를 내려면 집중해야 합니다.
이것 찔끔, 저것 찔끔 산만하게 일을 하는 사람은 그 어떤 것에서도
원하는 성과를 얻기 어렵습니다.

Today Memo

나폴레옹 1세 (Napoleon Bonaparte, 1769~1821) 프랑스의 군인 · 제1통령 · 황제를 지냈다. 러시아 원정 실패로 엘바섬에, 워털루 전투 패배로 세인트 헬레나섬에 유배되었다.

106

이 세상에 기쁨만 존재한다면 우리는 결코 용감해지거나 인내심을 배울 수 없을 것이다.

헬렌 켈러

매일같이 알을 낳는 암탉도 산란의 고통을 겪습니다.
인생 역시 마찬가지입니다. 늘 기쁨 속에 사는 사람은 없습니다.
유토피아에도 고민거리는 있다고 하니까요.
사람은 고통 속에서 용감해지고, 인내를 배웁니다.

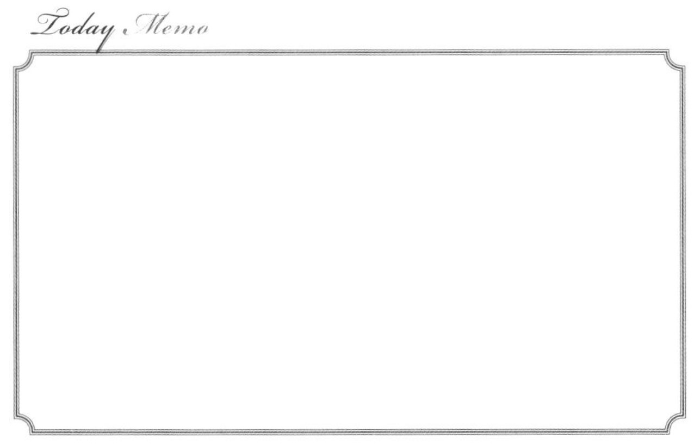

헬렌 애덤스 켈러 (Helen Adams Keller, 1880~1968) 시각과 청각 장애를 이겨낸 작가 · 정치 활동가 · 교육자. 앤 설리번 선생과 자신의 노력으로 극복한 유년시절을 다룬 영화 〈미라클 워커〉로 전 세계에 알려졌다.

성공하는 사람들이란 자기가 바라는 환경을 찾아내는 사람들이다. 발견하지 못하면 자기가 만들면 되는 것이다.

버나드 쇼

뚜렷한 성취를 해낸 사람들을 보면, 미래를 그릴 줄 압니다.
그저 시간이 흐르는 대로 일을 하지 않습니다.
자신이 원하는 대로 스스로의 환경을 만들어가는
남다른 용기가 있습니다.

Today Memo

조지 버나드 쇼 (George Bernard Shaw, 1856~1950) 노벨문학상을 수상한 극작가, 최대 걸작으로 《인간과 초인》이 꼽힌다.

행복 문자

남을 아는 사람은 지혜 있는 자이지만, 자기를 아는 사람이 더욱 명찰한 자이다. 남을 이기는 사람은 힘이 있는 자이지만 스스로를 이기는 사람은 더욱 강한 사람이다.

노자

가장 용기 있는 사람은 자신을 이기는 사람입니다.
늘 관대하고, 편해지려는 이기적인 마음을 끊임없이 담금질하고,
채찍질해야 합니다. 또 나약해진 마음을 강하게 해야 합니다.
자신을 이길 용기가 있으면, 무엇이든 이룰 수 있습니다.

노자 (老子, ?~?) 중국 고대의 철학자, 도가(道家)의 창시자. 《도덕경(道德經)》이 주요 저서로, 공자도 찾아가 가르침을 받았다고 전해진다.

행복 문자

세상에서 가장 어려운 일은 세상을 바꾸는 것 아니라 당신 자신을 바꾸는 것이다.

넬슨 만델라

옥중에서 27년을 견디고, 남아프리카 최초의 흑인 대통령이 된 만델라도
자신과의 싸움이 쉽지 않았습니다. 그렇지만
역사 이래 큰 성취를 해낸 사람들은
거의 모두 자신을 바꾸는 일에서 승리했습니다.

Today Memo

넬슨 만델라 (Nelson Rolihlahla Mandela, 1918~) 남아프리카공화국 최초의 흑인 대통령이자 흑인인권운동가이다. 자서전 《자유를 향한 머나먼 여정》이 있다.

행복 문자

상처는 희망의 씨앗이 잘 자랄 수 있는 기름진 토양이 되기도 합니다.

오바마

조개의 상처가 잘 아물면 진주가 됩니다. 이렇듯 상처를 잘 승화시키면 보물이 되기도 합니다. 잘 해낼 수 있다는 강렬한 희망의 불을 계속 지피십시오. 수많은 상처들이 질 좋은 거름이 되고, 씨앗을 틔우는 비옥한 토양으로 변합니다.

버락 오바마 (Barack Hussein Obama, 1961~) 인권변호사 출신의 제44대 미국 대통령. 미국 최초의 흑인 대통령으로 많은 사람들에게 희망의 증거가 되었다.

행복 문자

나는 신발이 없어 우울하다.
그런데 거리에서 발이 없는 사람을 만났다.

데일 카네기

비교하는 것은 자신을 신뢰하는 마음이 적은 탓입니다.
자신의 현재 상황을 있는 대로 받아들이고, 더 나은 미래를 설계하면
은 결과가 나옵니다. 힘겨울 때 더 어려운 처지에 있는 사람을 생각하고,
그들을 도울 방법을 찾는 것이 진정한 용기입니다.

데일 카네기 (Dale Carnegie, 1888~1955) 수많은 실패를 경험한 끝에 성공학의 대가로 유명세를 떨쳤다. 대표 저서로 《카네기 인간관계론》이 있다.

운은 우리에게서 부귀를 빼앗을 수 있어도 용기는 빼앗을 수 없다.

세네카

그 누구도 뺏을 수 없는 것이 있습니다. 바로 내 가슴속 용기입니다. 모든 것을 잃었다고 해도 다시 일어서는 용기가 있으면 장밋빛 미래는 또 열립니다. 한번 시험에 실패했다고 다음 시험에 또 실패하는 것은 아니니까요.

Today Memo

루시우스 세네카 (Lucius Annaeus Seneca, BC 55(?)~AD 39) 고대 로마의 수사가. 아들에게 웅변술을 훈련시키기 위하여 쓴 《논쟁 문제집》과 《설득법》이 후세 사람들에게 널리 읽혀졌다.

행복 문자

우리들은 운명에 의해 강하게 다듬어지기도, 또 순하게 다듬어지기도 한다. 그러나 그것은 인간의 신념과 소질에 따라 좌우된다.

에센바흐

빗방울이 바다에 이르기까지 많은 우여곡절을 겪습니다.
낮은 곳으로 흐르는 강물 역시 바위에 부딪쳐 산산이 부서지기도 하고,
지형을 따라 먼 길을 에돌아 흐르기도 합니다.
물이 바다에 이르는 이치를 배울 필요가 있습니다.

볼프람 폰 에센바흐 (Wolfram von Eschenbach, 1170~1220) 독일 중세의 궁정 서사 시인. 16권 24,840행의 대서사시인 《파르치발》이 대표작이다.

기둥이 약하면 집이 흔들리듯,
의지가 약하면 생활도 흔들린다.

에머슨

뿌리를 깊게 내린 나무는 웬만한 폭풍우에도 끄떡하지 않습니다.
걸림돌에 넘어졌다고 절망하고 좌절하는 사람은 의지가 약합니다.
강한 의지는 무엇이든 해낼 수 있는 용기입니다.

Today Memo

랠프 왈도 에머슨 (Ralph Waldo Emerson, 1803~1882) 미국의 사상가 겸 시인이다. 자연과의 접촉에서 고독과 희열을 발견한 신비적 이상주의자다. 《자연론》, 《대표적 위인론》 등의 저서가 있다.

행복 문자

인생이란 용기에 따라서 펴질 수도 있고 움츠러들 수도 있다.

아네스 닌

잘 다려진 깔끔한 드레스셔츠처럼 단정한 삶을 원하지 않는 사람은 없을 것입니다. 늘 찌푸리고, 우울한 표정을 짓는 사람에게 좋은 일이 찾아올 가능성은 희박합니다.
활짝 웃으며, 자신을 믿는 용기를 가지십시오.

아네스 닌 (Anaïs Nin, 1903~1977) 미국 여류 소설가. 초현실주의적인 문체의 소설을 썼다. 자서전적 요소를 환상적으로 표현한 《유리의 종 밑에서》가 대표작이다.

만약 가슴 안에서
'나는 그림에 재능이 없는 걸' 이라는
음성이 들려오면 반드시 그림을 그려봐야 한다
그 소리는 당신이 그림을 그릴 때 잠잠해진다

반 고흐

천재 바이올리니스트 사라사테는 천재라는 평가에 이렇게 대답했습니다
"천재라고? 나는 지난 37년 동안 하루에 14시간씩 연습을 했습니다."
꾸준히 연습하면 위대한 결과가 나타나는 것입니다.

Today Memo

빈센트 반 고흐 (Vincent van Gogh, 1853~1890) 네덜란드의 화가. 강렬한 색채와 격렬한 필치로 독특한 작품을 남겼다. 대표작으로 〈해바라기〉, 〈밤의 카페〉 등이 있다.

행복 문자

행운은 너를 위해 보다 좋은 성공을 예비하고 있을지도 모른다. 오늘 잃어버린 사람은 내일 얻을 수 있을 것이다.

세르반테스

오늘 실패했다고, 내일도 같은 실패를 반복하면 어리석습니다.
오늘의 좌절을 내일의 달콤한 열매가 되도록 자신을 격려하십시오.
그렇게 하면 행운의 여신도 미소를 보낼 것입니다.

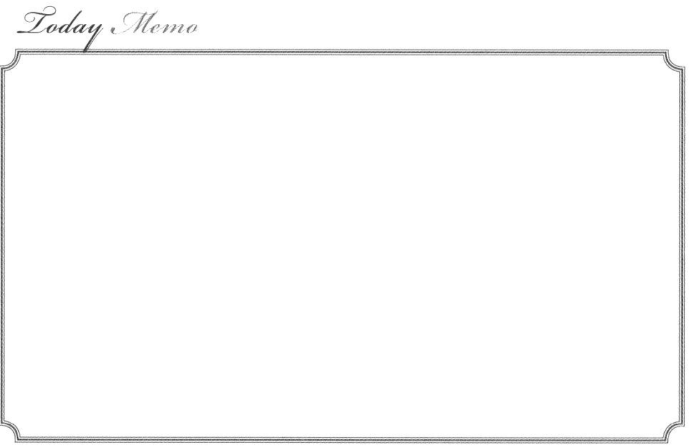

미겔 데 세르반테스 (Miguel de Cervantes, 1547~1616) 스페인의 작가로 기사 이야기를 패러디한 소설 《돈 키호테》를 썼다. 해적에게 붙잡혀 알제리에서 노예생활을 하기도 했다.

할 수 있는 자는 실행을 한다.
할 수 없는 자가 가르친다.

버나드 쇼

세상에서 가장 값진 선물은 어제도 아니고, 내일도 아닌 자신이 지금 존재하는 오늘입니다. 실행력이 있는 사람은 오늘을 충실히 살아가는 힘과 지혜를 갖고 있습니다. 용기가 없는 사람은 과거에 머물고, 미래의 헛꿈에 빠집니다.

Today Memo

조지 버나드 쇼 (George Bernard Shaw,1856~1950) 노벨문학상을 수상한 극작가, 최대 걸작으로 《인간과 초인》이 꼽힌다.

능력이 적다고 아무것도 하지 않는 것은 가장 큰 잘못이다. 스스로 할 수 있는 일을 하도록 하자.

칼 세이건

처음부터 대단한 능력을 갖고 일을 시작한 사람이 몇이나 될까요?
문제는 능력이 없다고 아무것도 시도하지 않는 것입니다.
농구 선수 래리 버드는 매일 아침 자유투를 5백 개 씩 연습한 끝에
전설적인 능력을 키웠다고 합니다.

칼 에드워드 세이건 (Carl Edward Sagan, 1934~1996) 미국의 천문학자 · 천체물리학자. 자연과학을 대중화하는 데 힘쓴 사람이다. 우주의 신비를 다룬 《코스모스》가 대표작이다.

행복 문자

인생에 있어서 가장 큰 기쁨은, "너는 그걸 할 수 없다"고 세상 사람들이 말하 그 일을 성취시키는 일이다.

월터 배조트

세상 사람들의 통념을 무너뜨리는 것은 참으로 값진 일입니다.
9m 이상의 멀리뛰기는 불가능하다는 과학자들의 이야기를 무색하게 만든
칼 루이스는 자신의 신기록이 얼마나 값지고 기쁜지 절감했다고 합니다.
할 수 없다는 일에 도전해 보는 용기가 큰 사람을 만듭니다.

Today Memo

월터 배조트 (Walter Bazzot) 영국에서 1843년에 창간된 세계적으로 권위를 인정받는 경제지, 《이코노미스트》의 초창기 편집자다.

행복 문자

인생은 하나의 실험이다.
험이 많아질수록 당신은 더 좋은 사람이 된다.

에머슨

ㅐ한 발명가 에디슨은 인류의 삶을 향상시킨 많은 발명품을 개발했습니다.
그의 발명은 숱한 실패 끝에 이루어진 것이 많습니다.
전구 하나를 개발하기 위해 1만 번의 실험을 거듭했습니다.
생도 마찬가지입니다. 실험이 많을수록 더 좋은 결과물을 낼 수 있겠지요.

랠프 왈도 에머슨 (Ralph Waldo Emerson, 1803~1882) 미국의 사상가 겸 시인이다. 자연과의 접촉에서 고독과 희열을 발견한 신비적 이상주의다. 《자연론》, 《대표적 위인론》 등의 저서가 있다.

우리가 두려워하는 공포는 종종 허깨비이지만 그럼에도 불구하고 실제 고통을 초래한다.

실러

시험이나 다른 일을 앞두고 머릿속을 맴도는 막연한 두려움이나 공포. '실패하면 어쩌나?' 하는 염려는 순간이 지나면 하찮은 걱정일 때가 많습니 허깨비에 불과한 두려움에 떨 시간에, 오히려 준비를 더 했다면 더 좋은 성과를 낼 수 있습니다.

Today Memo

프리드리히 실러 (Johann Christoph Friedrich von Schiller, 1759~1805) 독일의 국민시인으로 괴테와 더불어 독일 고전주의 문학의 거성으로 꼽힌다.

조급히 굴지 말라. 행운이나 명성도 일순간에 생기고 일순간에 사라진다. 그대 앞에 놓인 장애물을 달게 받아라. 싸워 이겨나가는 데서 기쁨을 느껴라.

앙드레 모루아

"바쁜 머리는 기대할 것이 없다." 러셀의 말입니다.
조급해지면 실수할 가능성이 높습니다.
그럴 바에는 천천히 행동하는 것이 훨씬 이득입니다.
난관이 닥치면 한 걸음 쉬면서, 위기를 뚫고 나가는 힘을 키워야 합니다.

앙드레 모루아 (André Maurois, 1885~1967) 프랑스 소설가로 아카데미 회원이었다. 전기 작품 《셸리전》, 《위고전》, 《발자크전》 등이 있다.

행복 문자

용기는 별로 인도하고,
두려움은 죽음으로 인도한다.

세네카

밤하늘에 반짝이는 별은 참 아름답습니다.
용기를 갖고 인생을 개척하면 별처럼 아름다운 결과를 얻습니다.
두려움에 휩싸이면 판단이 흐려지고, 악순환이 반복될 가능성이 높습니ㄷ
두려워 할 시간에 용기를 키워야 합니다.

Today Memo

루시우스 세네카 (Lucius Annaeus Seneca, BC 55(?)~AD 39) 고대 로마의 수사가. 아들에게 웅변술을 훈련시키기 위하여 쓴 《논쟁 문제집》과 《설득법》이 후세 사람들에게 널리 읽혀졌다.

행복 문자

언제까지고 계속되는 불행은 없다.
만히 견디고 참든지, 용기를 내 쫓아버리든지
둘 중의 한 가지 방법을 택해야 한다.

로맹 롤랑

산을 오를 때 항상 오르막만 나오지 않듯,
우리의 인생 역시 항상 내리막길 불행만 이어지지 않습니다.
불행하다고 그 속에 빠져 허우적대기보다 벗어날 방법을
찾는 것이 진정한 용기입니다.

로맹 롤랑 (Romain Rolland, 1866~1944) 프랑스의 소설가. 대하소설의 선구가 된 《장 크리스토프》로 1915년 노벨 문학상을 수상하였다. 사회악을 규탄하고, 평화운동에 진력했다.

희망은 사람을 성공으로 인도하는 신앙이다. 희망이 없으면 어떠한 일도 이룰 수 없으며, 희망이 없으면 인간 생활이 영위될 수 없다.

헬렌 켈러

성적이 떨어져서 풀 죽은 아이에게 이런 말을 해주면 어떨지요?
"내일이 있으므로 기죽지 마라." 내일은 곧 희망입니다.
좋은 성적을 올릴 수 있게 하는 시간입니다.
어떤 순간에서도 희망을 잃지 않는 것, 용기 있는 선택입니다.

Today Memo

헬렌 애덤스 켈러 (Helen Adams Keller, 1880~1968) 시각과 청각 장애를 이기고 작가 · 정치 활동가 · 교육자. 앤 설리번 선생과 자신의 노력으로 극복한 유년시절을 다룬 영화 〈미라클 워커〉로 전 세계에 알려졌다.

행복 문자

힘은 희망을 가지는 사람에게 있고, 기는 속에 있는 의지에서 우러나오는 것이다.

펄 벅

뚜렷한 목표가 있는 사람은 희망의 끈을 놓지 않습니다.
용기 있게 자신의 일을 해내려는 의지가 넘칩니다.
용기 있는 아이로 커가도록 도와주는 일, 부모가 해야할 일입니다.

펄 벅 (Pearl Comfort Buck, 1892~1973) 미국 소설가. 중국의 빈농 왕룽이 대지주가 되는 장편 《대지》로 여류 작가 최초로 노벨문학상을 수상했다.

미래는 자신이 가진 꿈의 아름다움을 믿는 사람들의 것이다.

엘리너 루스벨트

오늘보다 나아질 수 있다는 포부를 갖는 것은 누구나 할 수 있습니다.
행동할 때마다 최선을 다하는 마음 자세를 갖추면,
그 사람은 머잖아 아름다운 내일을 누릴 수 있습니다.
그것이 바로 자신에게 보내는 참다운 용기입니다.

Today Memo

엘리너 루스벨트 (Anna Eleanor Roosevelt, 1884~1962) 미국의 여성 사회운동가, 정치가로 여성 문제 · 인권 문제 등 폭넓은 분야에서 활약했다.

행복 문자

강의 범람이 흙을 파서 밭을 일구듯이,
병은 모든 사람의 마음을 파서 갈아준다.
병을 올바르게 이해하고 그것을 견디는 사람은
보다 깊게, 보다 강하게, 보다 크게 거듭난다.
설령 병에 걸렸다 하더라도, 그것을 통해
교훈을 얻도록 하자. 오히려 그것을
밑거름으로 하여 더 나은 미래를 경작하자.

카를 힐티

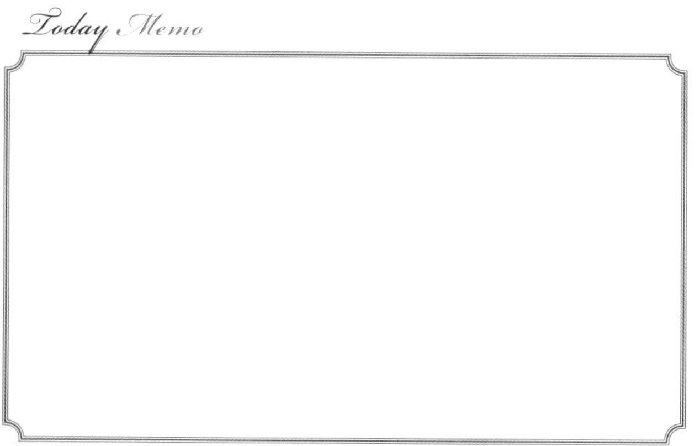

카를 힐티 (Carl Hilty, 1833~1909) 스위스의 사상가, 법률가다. 《행복론》을 저술한 국제법의 대가이다. 그리스도교 신앙을 바탕으로한 이상주의적 사회개량주의자였다.

발견을 위한 참다운 항해는 새 땅을 찾아내는 것보다도 세상을 새로운 눈으로 보는 데 의의가 있다

마르셀 프루스트

용기 있는 사람은 새로운 일에 뛰어드는 것을 주저하지 않습니다. 그 일을 통해 아무런 소득이 없더라도 새로운 것을 시도한 것에 더 큰 의미를 둡니다. 인생항로에서 거침없이 도전하는 것, 그것이 진정한 용기입니다.

Today Memo

마르셀 프루스트 (Marcel Proust, 1871~1922) 프랑스의 소설가로 《잃어버린 시간을 찾아서》로 세계적인 작가의 반열에 올랐다.

내 아이에게 전해주는 오늘의 행복 문자

책임감

ense of esponsibility

운명론은 의지가 약한 사람들이 찾는 변명에 불과하다.

로맹 롤랑

일을 그르치면 운명론으로 자신을 합리화하는 사람들이 있습니다.
일의 성패는 대부분 자신의 행동에 달렸습니다.
실패는 그만큼 준비가 덜 된 상태에서 일을 시작했기 때문입니다.
의지가 강한 사람들은 자신의 신념을 믿습니다.

Today Memo

로맹 롤랑 (Romain Rolland, 1866~1944) 프랑스의 소설가. 대하소설의 선구가 된 《장 크리스토프》로 1915년 노벨 문학상을 수상하였다. 사회악을 규탄하고, 평화운동에 진력했다.

행복 문자

한 사람이 동시에 두 마리 말을 탈 수는 없다.
이 말을 타려면 저 말을 포기해야 한다.

괴테

한 사람이 두 가지 일을 동시에 하기는 쉽지 않습니다.
열정을 분산시키기보다 한 가지 일에 집중해서
최상의 성과를 내는 것이 훨씬 더 바람직스럽습니다.
집중하는 힘을 키워야 합니다.

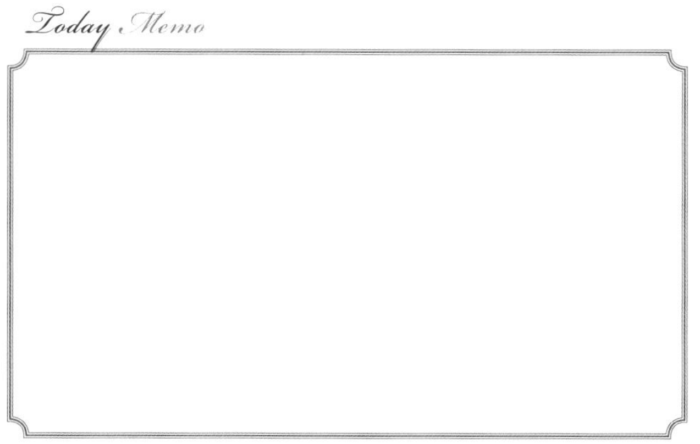

요한 볼프강 괴테 (Johann Wolfgang von Goethe, 1749~1832) 독일의 시인 · 극작가 · 정치가 · 과학자이다. 바이마르 공국(公國)의 재상을 지냈다. 대표작으로 《파우스트》가 있다.

다른 사람이 성장하지 못하도록 막으면 우리 자신도 성장하지 못 한다.

메리언 앤더슨

"100년에 한 사람 있을까 말까 한 아름다운 목소리"로
극찬을 받던 메리언 앤더슨은 마음 또한 아름다운 사람입니다.
자신이 받은 상금으로 앤더슨 상을 제정할만큼 넉넉한 마음을 지닌
그녀가 강조한 것은 '다른 사람의 성장을 돕는 일'이었습니다.

Today Memo

메리언 앤더슨 (Marian Anderson, 1902~1993) 흑인 가수. 정열적이고 깊은 정취가 넘치는 흑인영가의 1인자로 불린다.

잡초는 논밭을 버리게 하고,
욕망은 세상 사람을 버리게 한다.

법구경

책임감이 있는 사람은 도가 넘는 욕심을 부리지 않습니다.
자신의 노력에 비해 과분한 것은 사양할 줄 아는 지혜를 갖고 있습니다.
과도한 욕망은 논밭을 버리는 잡초와 같습니다.
자신을 망치고, 다른 사람까지 피해를 줍니다.

법구경 (法句經) 인도의 승려 법구(法救)가 부처의 이야기들을 모아 엮은 경전이다. 인생에 지침이 될 만큼 좋은 경구들이 39개의 품으로 이루어져 있다.

행복해지고 싶다면 모든 사람의 행복을 빌고 모든 사람을 똑같이 사랑하라.

톨스토이

만석꾼으로 유명한 경주 최부자집.
12대 3백 년 동안, 재산을 지킨 비결은 베푸는 마음 덕분이었습니다.
사방 백리 안에 굶어죽는 사람이 없도록 돕고, 재산을 만석 이상 늘리지 않
흉년에는 땅을 사지 않았습니다. 더불어 행복해지는 법을 알았습니다.

Today Memo

레프 톨스토이 (Lev Nikolaevich Tolstoi, 1828~1910) 러시아의 소설가 · 사상가. 도스토옙스키와 함께 러시아 문학을 대표하는 세계적 문호다. 대표작은 《전쟁과 평화》다.

자신의 신념이 아닌 쉽게 변하는 것들로 인생의 기준을 삼는 것은 '실패'라는 불행의 씨앗을 심는 일과 같다.

처칠

책임감 있는 사람은 자신의 행동을 쉽게 바꾸지 않습니다.
생각을 행동으로 옮기는 실천력과 신념이 있기에 인생 좌표가 분명합니다.
까닭에 이런 사람들은 어떤 일을 하든,
실패할 확률이 그만큼 낮습니다. 신념은 곧 성공 보증 수표입니다.

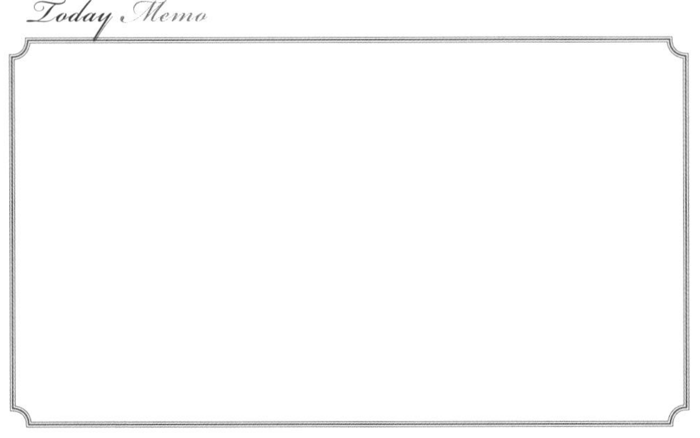

윈스턴 레너드 스펜서-처칠 (Winston Leonard Spencer-Churchill, 1874~1965) 영국의 정치가로 총리를 지냈다. 세계2차대전을 승리로 이끈 인물이다.

행복 문자

돈이 있어도 최고의 이상이 없는 사람은 조만간 몰락의 길을 밟는다.

도스토옙스키

부자 삼대 못 간다는 말은 처음에 부를 일군
선조의 신념이 후손에 이르러 희석되기 때문입니다.
자신의 성과에 대해, 강한 자부심과 책임감을 가져야
행복한 삶이 오래도록 지속됩니다.

표도르 도스토옙스키 (Fyodor Mikhailovich Dostoevskii, 1821~1881) 톨스토이와 함께 러시아 문학을 대표하는 세계적인 문호로 20세기의 사상과 문학에 깊은 영향을 끼쳤다. 대표작으로 《죄와 벌》, 《백치》 등이 있다.

해야 할 것을 하라.
모든 것은 타인의 행복을 위해서,
동시에 특히 나의 행복을 위해서이다.

톨스토이

남을 돕는 것은 궁극적으로 자신을 돕는 것입니다.
고난과 핍박받는 사람이 많아지면 사회가 동요하고,
심할 때는 자신의 안전이나 재산도 지킬 수 없어집니다.
타인의 행복을 돕는 것, 곧 나의 행복을 지키는 일이 됩니다.

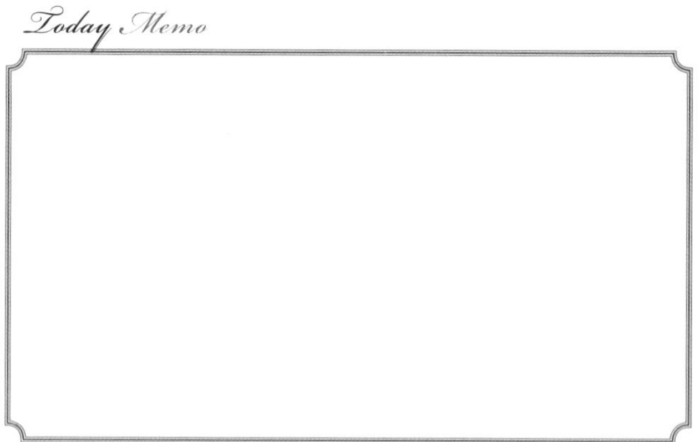

레프 톨스토이 (Lev Nikolaevich Tolstoi, 1828~1910) 러시아의 소설가 · 사상가. 도스토옙스키와 함께 러시아 문학을 대표하는 세계적 문호다. 대표작은 《전쟁과 평화》다.

진심에서 나오는 말만이 사람의 마음을
직일 수 있고, 밝은 양심에서 나오는 말만이
사람의 마음을 꿰뚫는다.

윌리엄 펜

세 치 혀는 많은 말을 할 수 있습니다.
단 한마디의 말로 마음을 울리는 감동을 주기도 하고,
달콤한 말로 판단을 흐리게 할 수도 있습니다.
세상에서 가장 감동을 주는 말은 진심에서 우러난 것입니다.

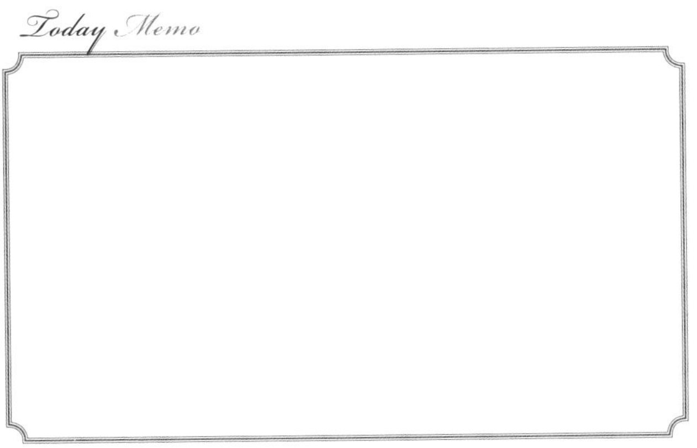

윌리엄 펜 (William Penn, 1644~1718) 미국 펜실베이니아주를 일군 인물이다. 그곳에 퀘이커 교도를 중심으로 자유로운 신앙의 신천지를 만들었다.

시간은 흘러가지만 한번 입 밖에 낸 말은 그대로 남는다.

톨스토이

책임질 수 있는 말을 하는 사람은 흐트러짐이 없습니다.
자신의 말을 실천하기 때문에 신뢰하는 사람이 많아집니다.
따르는 사람이 많아지는 것은 당연한 이치이죠.
입 밖에 뱉은 말은 오래도록 메아리친다는 것을 알아야 합니다.

Today Memo

레프 톨스토이 (Lev Nikolaevich Tolstoi, 1828~1910) 러시아의 소설가 · 사상가. 도스토옙스키와 함께 러시아 문학을 대표하는 세계적 문호다. 대표작은 《전쟁과 평화》다.

측은히 여기는 마음은 인(仁)의 시초요,
부끄러워하고 미워하는 마음은
의(義)의 시초요,
사양하는 마음은 예(禮)의 시초요,
옳고 그름을 분별하는 마음은
지(智)의 시초이다.

맹자

맹자 (孟子, BC 372(?)~BC 289(?)) 중국 전국시대의 유교 사상가. 제자백가(諸子百家)의 한 사람으로 도덕 정치인 왕도(王道)를 주장했다.

행복 문자

나는 사회에 유익한 일을 해왔는가, 그렇다면 얼마나 도움이 되었는가? 모든 일을 행할 때는 이러한 생각을 염두에 두기 바란다.

마르쿠스 아우렐리우스

학생은 학생의 본분에, 회사원은 회사의 발전에,
정치인은 시민의 이익을 위해 최대한 신경을 써야 합니다.
이것이 곧 세상에 도움을 주는 것입니다.
자신의 역할을 잘 하는 것, 세상을 위한 일입니다.

Today Memo

마르쿠스 아우렐리우스 (Marcus Aurelius Antoninus, 121~180) 로마제국의 제16대 황제이자, 후기 스토아파의 철학자였다. 《명상록》을 남겼다.

당신의 인생은 당신이 하루 종일 무슨 생각을 하는지에 달려있다.

에머슨

남을 아는 것은 쉽지만 자신을 알기는 어렵습니다.
충동적으로 행동하는 사람은 깊은 생각을 하지 않습니다.
자기관리를 잘 하는 사람은 신중하게 행동하고, 사려 깊게 생각합니다.
하루 종일 어떤 생각을 하느냐에 따라 인생의 깊이는 달라집니다.

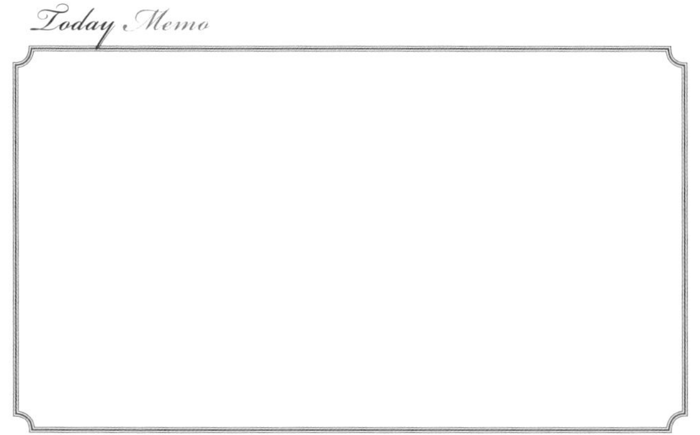

랠프 왈도 에머슨 (Ralph Waldo Emerson, 1803~1882) 미국의 사상가 겸 시인이다. 자연과의 접촉에서 고독과 희열을 발견하는 신비적 이상주의자다. 《자연론》, 《대표적 위인론》 등의 저서가 있다.

나는 대단한 인간이 아니다.
노력하는 노인일 뿐이다.

넬슨 만델라

많은 지식을 갖거나, 남과 다른 능력을 키우려면 노력이라는 땀방울이 맺혀야 하는 것이지요. 흑인 인권 운동가인 넬슨 만델라 역시 자신을 대단한 인간으로 평가해주는 것을 거부했습니다. 노력하는 사람으로 평가받길 원했습니다.

Today Memo

넬슨 만델라 (Nelson Rolihlahla Mandela, 1918~) 남아프리카공화국 최초의 흑인 대통령이자 흑인인권운동가이다. 자서전 《자유를 향한 머나먼 여정》이 있다.

행복 문자

만일 당신이 비밀을 바람에게 털어 놓았다면, 바람이 그것을 나무들에게 털어 놓는다고 원망해서는 안 된다.

칼릴 지브란

입 밖으로 내뱉은 이야기는 주워담을 수 없습니다.
말을 내뱉은 순간, 비밀은 유통기한이 끝납니다.
언젠가 그 말이 다른 사람의 입과 귀를 통해 퍼져나가는 것입니다.
말을 할 때, 신중해야 하는 것은 이런 까닭입니다.

칼릴 지브란 (Kahlil Gibran, 1883~1931) 철학자, 화가, 소설가로 인류의 평화와 화합, 레바논의 종교적 단합을 호소했다. 대표 저서로 《예언자》가 있다.

기분이 좋을 때 쉽게 약속하지 마라. 충동적으로 행동하지 마라. 그리고 지쳤다고 하더라도 일을 미완성인 채 내버려두지 말라.

채근담

말이나 행동에는 늘 책임이 따릅니다. 약속하면 반드시 지켜야 합니다.
충동적으로 하는 행동은 후회를 불러올 때가 많습니다.
힘들다고 도중에 그만두면, 다시 하기 위해 시간이 더 필요합니다.

Today Memo

채근담 (菜根譚) 중국 명나라 시대 환초도인 홍자성의 어록으로 유교에 뿌리를 두고, 도교와 불교 사상까지 폭넓게 수용한 책이다. 제목은 "사람이 야채 뿌리를 잘 씹으면 곧 백년을 이룬다"는 말에서 따왔다.

행복 문자

건강이 있는 곳에 자유가 있다.
건강은 모든 자유 중에서 으뜸가는 것이다.

아미엘

우리가 지켜야 할 것 중에서 으뜸은 건강입니다.
건강을 잃으면 세상을 잃는 것이나 마찬가지입니다. 건강을 해치면
가족에게도 피해를 주게 됩니다. 자신의 몸을 건강하게 가꾸는 습관은
사회적인 책임을 다하는 것과 다름없습니다.

앙리 프레데릭 아미엘 (Henri-Frederic Amiel, 1821~1881) 제네바 대학에서 미학(美學)과 철학을 가르쳤으며, 시집 여러 권과 문예평론서를 집필, 출판했다.

건강을 유지한다는 것은
자기에 대한 의무인 동시에
사회에 대한 의무이다. 오늘날 백 살이 넘게
오래 산 사람은 거의 모두가
여름이나 겨울에 일찍 일어난 사람들이다.

푸슈킨

몸을 함부로 굴리는 행동은 자신에 대한 의무와 책임을 다하지 않는 것입니다. 장수하는 사람들을 보면 생활이 규칙적입니다. 조바심을 내거나 헛된 욕심도 부리지 않습니다.

Today Memo

알렉산드르 푸슈킨 (Aleksandr Sergeevich Pushkin, 1799~1837) 러시아 국민 시인. 러시아 리얼리즘 문학의 선구자로 작품 《대위의 딸》이 있다.

이른 아침의 산책은 그날 하루를 위한 축복이다.

소로우

단 1분도 아쉬운 것이 아침 시간입니다. 모든 것이 바쁘게 돌아갈수록 여유가 더 필요합니다. 5분이라는 짧은 시간 동안이라도 동네 한 바퀴를 돌면 미래는 더 달콤해집니다.

헨리 데이비드 소로우 (Henry David Thoreau, 1817~1862) 미국의 철학자 · 시인 · 수필가이다. 월든 호숫가에서 홀로 살면서 지낸 체험을 쓴 에세이 《월든》은 간디 등 후세 사람들에게 많은 감화를 주었다.

병들어 누워 보고 비로소 건강의
고마움을 알고,
난세를 당해 보고 비로소
평화의 고마움을 안다 해서는
민첩하다고 할 수 없다.
건강할 때 건강의 고마움을 모른다는 것도
불행한 일이며, 평안할 때 평화의 고마움을
깨닫지 못하는 것도 불행한 일이다.
사람은 한 걸음 물러서서
자기를 돌아볼 필요가 있다.
행복을 찾아 달리다가는 도리어 불행을
불러온다는 것을 깨달아야 한다.
자기만은 언제까지나
살 것이라고 생각하는 것도 생명을
탐하고 파먹는 것이 된다.
이 점을 깨닫는 것이
인생의 가장 높은 지식이다.

채근담

채근담 (菜根譚) 중국 명나라 시대 환초도인 홍자성의 어록으로 유교에 뿌리를 두고, 도교와 불교 사상까지 폭넓게 수용한 책이다. 제목은 "사람이 야채 뿌리를 잘 씹으면 곧 백년을 이룬다"는 말에서 따왔다.

행복 문자

악한 마음으로 말하거나 행동하면 죄와 괴로움이 따른다. 마치 수레 뒤에는 바퀴 자국이 따르듯이.

법구경

마음을 바르게 쓰지 않으면, 언젠가 그 대가를 치르는 법입니다.
사랑은 인간의 기본적인 도덕입니다.
자만하고, 잘난 체하는 마음 역시 마찬가지입니다.
누군가의 마음속에 지워지지 않는 상처를 남기기 때문입니다.

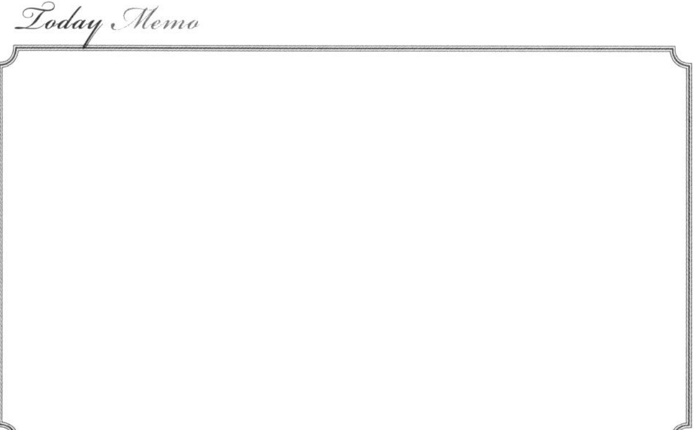

법구경 (法句經) 인도의 승려 법구(法救)가 부처의 이야기들을 모아 엮은 경전이다. 인생에 지침이 될 만큼 좋은 경구들이 39개의 품으로 이루어져 있다.

하나의 작은 꽃을 만드는 데도 오랜 세월의 노력이 필요하다.

블레이크

생명은 모두 고귀합니다. 작은 꽃잎 하나가
꽃망울을 터트리기 위해서 많은 시간이 필요합니다.
하물며 자신이 세운 목표를 이루기 위해서는
참으로 많은 시간과 노력이 필요합니다.

Today Memo

윌리엄 블레이크 (William Blake, 1757~1827) 영국의 시인, 화가. 신비로운 체험을 시로 표현했다. 《결백의 노래》, 《셀의 서(書)》, 《밀턴》 등의 작품이 있다.

행복 문자

오늘 잘못된 일을 내일 고치지 아니하고,
아침에 후회하던 일을 저녁에
ㅣ 고치지 못하면 사람 된 보람이 없을 것이다.

이이

오늘 먹는 음식은 내 몸의 피와 살을 만듭니다.
자신이 한 행동을 되돌아보고 반성하고,
못된 것을 고치는 노력을 하면, 분명 오늘보다 더 좋은 내일이 열립니다.
사람은 생각대로 이루어지고, 반성하고 고치는 대로 다듬어집니다.

이이 (李珥, 1536~1584) 조선 중기의 학자 · 정치가. '십만양병설' 등 개혁안을 주장했다. 저서는 《성학집요》, 《격몽요결》, 《기자실기》 등이 있다.

가볍게 승락하면 신의를 잃고, 쉽게 되는 것이 많으면 반드시 어려움도 많아진다.

노자

성공과 실패는 어쩌면 종이 한 장의 차이일지도 모릅니다.
누군가의 부탁을 받았을 때 심사숙고하지 않고 승낙하는 사람은 그만큼
지키지 못하는 것이 많아집니다. 일도 마찬가지입니다.
술술 잘 풀린다 싶으면, 언젠가 힘든 일이 겹쳐서 일어나기도 합니다.

Today Memo

노자 (老子, ?~?) 중국 고대의 철학자, 도가(道家)의 창시자. 《도덕경(道德經)》이 주요 저서로, 공자도 찾아가 가르침을 받았다고 전해진다.

행복 문자

날카로운 혀야말로 쓰면 쓸수록 날카로워지는 날 선 도구 중의 유일한 것이다.

워싱턴 어빙

자신감이 있는 사람은 자신의 상황을 긍정적으로, 제대로 바라보는 힘이 있습니다. 그러기에 주변 사람들도 그만큼 관대하게 대할 수 있습니다. 말할 때도 비난과 불평보다 격려와 칭찬을 더 자주 하는 포용력이 생깁니다.

워싱턴 어빙 (Washington Irving, 1783~1859) 미국 소설가 겸 수필가. 영국의 전통이나 미국의 전설을 그린 《스케치북》을 출간했다.

정직은 최상의 정책이다.

서양 속담

자신의 행동이나 말에 책임지는 사람은
거짓말이나 남과 자신을 속이는 행동을 하지 않습니다.
늘 자신의 행동을 반성하고, 정직하게 사는 사람은
신뢰할 수 있습니다. 그를 따르는 사람도 그만큼 많아집니다.

Today Memo

행복 문자

맑은 거울은 형상을 살피게 하고,
지나간 옛일은 앞일을 알게 한다.

공자

티 없이 깨끗하게 닦은 거울은 사물을 있는 그대로 비춥니다.
지나간 일 역시 마찬가지입니다. 어제의 행동이 오늘을 이루고,
오늘 한 일이 내일을 예측하게 합니다.
지난 날을 제대로 살펴보는 일, 책임지는 사람이 지켜야 할 자세입니다

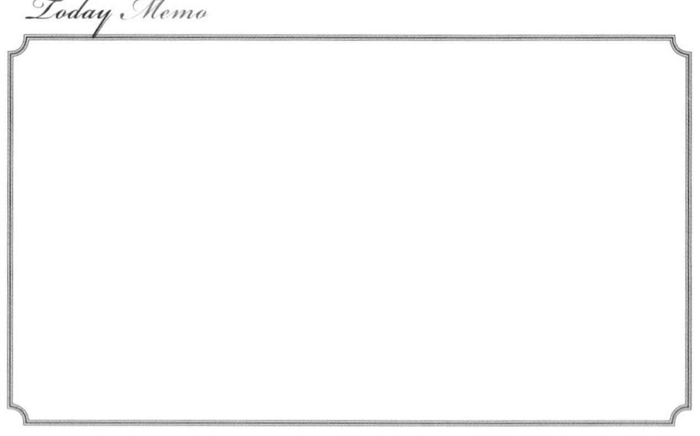

공자 (孔子, BC 551~BC 479) 유교의 시조로 떠받들어지는 중국의 사상가이다. 최고의 덕을 인(仁)에서 찾았다. "자기 자신을 이기고 예에 따르는 삶이 곧 인(仁)"이라는 '극기복례(克己復禮)'를 강조했다.

행복 문자

남이 나의 재능을 알아주지 않는 것을 근심치 말고 나의 무능을 근심하라.

논어

바람에 따라 구부러지고 흔들리는 것이 나무입니다.
폭풍우가 심하게 몰아칠 때 그 속에 흐름을 맡기면,
맑은 날 제 모습을 되찾을 수 있습니다. 다른 사람이 나의 재능을
알아주지 않는다고 그 재능이 어디로 사라지는 것은 아닙니다.
오직 자신의 무능을 걱정해야 합니다.

논어 (論語) 유교 경전으로 공자와 제자들의 언행이 담긴 어록이다. 공자와 그 제자와의 문답, 공자의 발언과 행적 등 인생의 교훈이 되는 말들이 간결하게 소개된 책이다.

건강을 유지하는 것은 자신에 대한 의무이며 또한 사회에 대한 의무이다.

프랭클린

건강을 잃는 것은 인생의 큰 시련입니다.
자신뿐만 아니라 가족과 자신이 속한 조직에도 피해를 주는 것입니다.
건강을 유지하기 위해서 먹고, 자고,
쉬는 것을 규칙적으로 지키는 생활습관을 들여야 합니다.

Today Memo

벤저민 프랭클린 (Benjamin Franklin, 1706~1790) 미국 독립의 아버지로 추앙받는다. 절제 있는 생활을 기록한 '자기관리 수첩'이 '프랭클린 다이어리'로 발전해 많은 이들의 삶을 가치 있게 이끌고 있다.

하나의 거짓을 관철하기 위해서 우리는 또 다른 거짓말을 발견해야 한다.

스위프트

정직한 사람은 자신에 대한 약속을 잘 지킵니다.
정직은 인간이 지켜야 할 기본 소양입니다.
하나의 거짓말을 하게 되면, 그 거짓말을 포장하기 위해 다른 거짓말을 또 만들어야 합니다. 거짓말은 자신을 속이는 부메랑입니다.

조나단 스위프트 (Jonathan Swift, 1667~1745) 영국 풍자작가 겸 성직자이자 정치평론가. 주요 저서로 《걸리버 여행기》가 있다.

행복 문자

정직을 잃은 자는 더 이상 잃을 것이 없다.

존 릴리

모든 사람이 부자가 되거나, 위대한 인물이 될 수 없습니다. 하지만 정직한 사람은 누구나 될 수 있습니다. 정직은 성공의 근본이며, 세상을 행복하게 살아가는 귀중한 자산이라고 할 수 있습니다. 그 자산을 잘 지키는 것이 책임지는 사람의 태도입니다.

Today Memo

존 릴리 (John Lyly, 1554~1606) 영국 소설가 겸 극작가. 화려한 문체로 유퓨이즘(euphuism)이란 말을 남겼다. 《지혜의 해부》가 전해진다.

행복 문자

악행은 덕행보다 언제나 더 쉽다.
그것은 모든 것에 지름길로 가기 때문이다.

새뮤얼 존슨

작은 규칙을 위반하는 것을 대수롭지 않게 생각하는 사람이 많습니다.
작은 것을 가볍게 여기면, 큰 것 역시 소홀하기 쉽습니다.
단추를 전부 채우는 것보다 풀어헤치는 것이 쉽지만,
그것은 결국 자신을 나쁜 길로 인도할 뿐입니다.

새뮤얼 존슨 (Samuel Johnson, 1709~1784) 영국 시인 겸 평론가. 17세기 이후의 영국 시인 52명의 전기와 작품론을 정리한 10권의 《영국 시인전》이 대표작이다.

당신이 저지를 수 있는 가장 큰 실수는 실수를 할까 두려워하는 것이다.

엘버트 하버드

내 인생을 결정하는 사람은 바로 자기 자신입니다.
자신의 생각과 의욕이 스스로의 인생을 결정하는 것입니다.
실수하지 않고, 완성되는 것은 없습니다.
실수를 두려워하지 않고 시도하는 강한 개척정신이 필요합니다.

Today Memo

엘버트 하버드 (Elbert Hubbard, 1856~1915) 출판 경영자이자 수필가이다. 대표작으로 《가르시아 장군에게 보내는 편지》가 있다.

내 아이에게 전해주는 오늘의 행복 문자

절제

Self-Control

눈을 자제하고, 귀를 자제하고,
코와 혀를 자제함은 참으로 훌륭한 일이다.

법구경

넘치지도 모자라지도 않는 것. 중용을 지키는 것이 어렵습니다.
앞서 나갈 때 스스로를 뒤돌아보고, 필요한 것보다 더 많이 가졌을 때
남과 나눌 줄 아는 것은 훨씬 더 큰 그릇이 되는 길입니다.
절제는 나를 변화시키는 훌륭한 자양분입니다.

Today Memo

법구경 (法句經) 인도의 승려 법구(法救)가 부처의 이야기들을 모아 엮은 경전이다. 인생에 지침이 될 만큼 좋은 경구들이 39개의 품으로 이루어져 있다.

행복 문자

미래는 현재를 팔아서 사는 것이다.

새뮤얼 존슨

오늘 하루를 허투루 보내지 않는 절제된 생활은
풍요로운 내일로 이끕니다.
보다 나은 내일, 미래를 만들고 싶다면 오늘 내가 흘린
땀방울이 얼마나 되는지 살펴보십시오.

새뮤얼 존슨 (Samuel Johnson, 1709~1784) 영국 시인 겸 평론가. 17세기 이후의 영국 시인 52명의 전기와 작품론을 정리한 10권의 《영국 시인전》이 대표작이다.

고통은 인간의 위대한 교사다.
고통의 숨결 속에서 영혼이 발육된다.

바흐

상처 없는 영혼은 없습니다. 누구나 크든, 작든 고통을 겪습니다.
문제는 그 고통을 어떻게 승화시키는가에 달렸습니다.
고통 속에서 새로운 희망을 찾고, 아픔 속에서 자신을 더 단련시키고,
슬픔을 절제해야 합니다. 이 모든 일은 노력하면 됩니다.

Today Memo

요한 세바스티안 바흐 (Johann Sebastian Bach, 1685~1750) 독일의 음악가로 바로크 음악의 대표적 작품들을 많이 남겼다. 작품 〈브란덴부르크협주곡〉이 유명하다.

행복 문자

인내 없는 열정은 광기에 불과하다.

토마스 홉스

의욕만 앞세워 성급히 구는 사람들이 의외로 많습니다.
뜨거운 열정을 품는 게 아예 없는 것보다 낫지만,
열정만으로 세상 일이 이루어질까요?
열정을 뒷받침할 인내가 있어야 열매를 맺는 법이지요.

토머스 홉스 (Thomas Hobbes, 1588~1679) 영국의 철학자. 서양 정치철학의 토대를 확립한 책 《리바이어던》의 저자이다.

행복 문자

나무는 꽃을 버려야 열매를 맺고
강물은 강을 버려야 바다에 이른다.

화엄경

소망을 얻기 위해서 더러 포기하거나 희생해야 할 것들이 있습니다.
자식이 부모 품을 벗어나면 더 성장하듯,
버리고 난 다음에 얻는 것은 그만큼 값지고 귀합니다.
겨울을 나기 위해 나무가 잎을 떨구듯 말입니다.

Today Memo

화엄경 (華嚴經) 대승불교 초기의 중요한 경전이다. 가장 일찍 만들어진 십지품(十地品)은 산스크리트어 원전이 남아있다.

행복 문자

당신을 좋게 말하지 말라. 그러면 당신은 신뢰할 수 없는 사람이 될 것이다. 또 당신을 나쁘게 말하지 말라. 그러면 당신은 당신이 말한 그대로 취급받을 것이다.

루소

교만한 사람을 좋아하는 이는 없습니다. 자신을 비하하는 사람을 존중하려는 이도 드뭅니다. 자신을 드러낼 때는 겸손과 자존이 잘 조화를 이루어야 합니다. 모나지 않게, 그렇다고 너무 비굴하지 않게 자신의 참 모습을 드러내야 합니다.

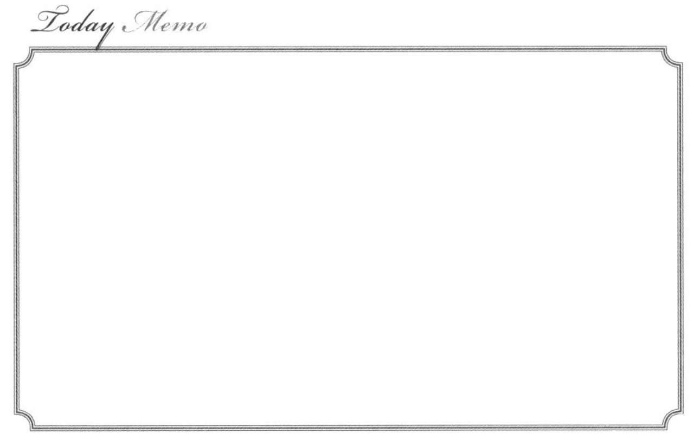

장 자크 루소 (Jean-Jacques Rousseau, 1712~1778) 18세기 프랑스의 사상가로 《에밀》, 《고백록》 등의 저서가 있다.

인간이 추구해야 할 것은 돈이 아니다. 항상 인간이 추구해야 할 것은 인간이다.

푸슈킨

돈이 행복을 가져다주는 열쇠라고 생각하시는지요? 맞습니다.
인간의 존엄을 지키기 위해서 최소한의 돈은 필요합니다.
그렇지만 돈만 추구하는 삶이 진정 행복할까요?
사람들과 온정을 나누지 못한다면 그것은 더 불행한 일입니다.

Today Memo

알렉산드르 푸슈킨 (Aleksandr Sergeevich Pushkin, 1799~1837) 러시아 국민 시인. 러시아 리얼리즘 문학의 선구자로 《대위의 딸》이 주요 작품이다.

행복의 가장 큰 장애는 과대한 행복을 기대하는 것이다.

퐁트넬

풍선을 불면 세상 이치를 배울 수 있습니다. 입김을 적게 불어넣으면 탱탱하지 않고, 과하게 불면 제 크기를 감당 못해 터져 버립니다. 행복도 마찬가지입니다. 현실에서 이루지 못할 너무 큰 것을 기대하면 찾아온 행복마저 불행으로 느끼게 됩니다.

베르나드 퐁트넬 (Bernard Le Bovier de Fontenelle, 1657~1757) 18세기 계몽사상가. 대표작으로 《세계 다수문답》이 있다.

너무 많이 짖어대는 개는 훌륭한 개가 될 수 없다.

장자

충신은 주군의 입맛에 맞는 말만 하지 않습니다.
말 많은 사람의 이야기에 귀 기울이는 사람도 많지 않습니다.
모름지기 필요할 때, 적절한 말과 행동으로 소신을 드러내는 사람은
자신을 절제하는 힘이 있습니다.

Today Memo

장자 (莊子, BC 369~BC 289(?)) 중국 제자백가(諸子百家) 중 도가의 대표 철학자로 도(道)를 천지만물의 근본 원리로 생각했다.

행복 문자

완벽한 목표를 세워놓고 살아가는 자가
남보다 나은 인생을 살아가게 되어 있다.
반대로 되는대로 인생을 살아가는 자는
남보다 못한 인생을 살아가게 되어 있다.

공자

되는대로 살 것인가, 미래에 대한 계획과 포부를 세우고 그에 맞춰 실행할 것인가? 되는대로 살아가고 싶은 사람은 없습니다. 다만 의지가 약해서 그것을 실행에 옮기지 못할 뿐입니다.

공자 (孔子, BC 551~BC 479) 유교의 시조로 떠받들어지는 중국의 사상가이다. 최고의 덕을 인(仁)에서 찾았다. "자기 자신을 이기고 예에 따르는 삶이 곧 인(仁)"이라는 '극기복례(克己復禮)'를 강조했다.

좋은 항아리를 가지고 있으면, 그 날 안에 사용하라. 내일이 되면 깨어질지도 모른다.

탈무드

근검절약이 항상 좋은 것은 아닙니다.
맛난 음식을 아껴 먹으려다 버리듯, 마음속에서 피어난 희망찬 생각도,
품고만 있으면 아무런 소득이 없습니다.
아끼느라 쓰지 못했던 항아리가 아이들 장난에 깨지듯 말입니다.

탈무드 (Talmud) 유대인 율법학자들이 사회의 모든 사상(事象)에 대하여 구전, 해설한 것을 모은 책이다. 유대인의 정신적 · 문화적인 유산이다.

행복 문자

두 가지, 세 가지 일로 마음을 두 갈래, 세 갈래 내는 일이 없어야 한다.

이황

여러 가지 일을 한꺼번에 할 수 있을까요? 생각도 마찬가지입니다.
많은 생각으로 마음을 어지럽히는 것은 자신을 혹사시킬 뿐만 아니라,
일의 집중도를 떨어집니다.
한 가지 일에 매진하는 절제의 지혜를 배워야 합니다.

Today Memo

이황 (李滉, 1501~1570) 조선 중기의 학자로 주자의 이기이원론(理氣二元論)을 발전시켰다. 도산서원을 설립, 후진 양성과 학문 연구에 힘썼다.

행복 문자

행복함에는 두 갈래의 길이 있다.
욕망을 적게 하거나
재산을 많게 하거나 하면 된다.

프랭클린

욕망을 줄이는 일, 자신의 능력에 맞게 욕망의 크기를 조절하는 것이 즐거운 삶, 행복한 인생을 열어가는 지혜입니다.
부자로 살 수 있다면 더할 나위 없이 좋겠지만 현실이 그렇지 않다면 기대 수준을 자신의 형편에 맞춰 낮춰야 합니다.

벤저민 프랭클린 (Benjamin Franklin, 1706~1790) 미국 독립의 아버지로 추앙받는다. 절제 있는 생활을 기록한 '자기관리 수첩'이 〈프랭클린 다이어리〉로 발전해 많은 이들의 삶을 가치 있게 이끌고 있다.

행동에 부주의하지 말며, 말에 혼동되지 말며 생각에 방황하지 말라.

마르쿠스 아우렐리우스

주의 깊게 생각하지 않고 행동하면 자신의 에너지를 낭비하는 일입니다
일을 하기 전에 여러 차례 심사숙고하고,
입 밖으로 말을 할 때 서너 번 입속에서 되뇌어 보는 것은
자신을 절제하는 큰 힘이 됩니다.

Today Memo

마르쿠스 아우렐리우스 (Marcus Aurelius Antoninus, 121~180) 로마제국의 제16대 황제이자, 후기 스토아파의 철학자였다. 《명상록》을 남겼다.

다른 사람들을 비난하려고 생각하기 전에 자기 자신을 충분히 살펴보아야 한다.

몰리에르

내 눈의 들보는 못 보면서, 남의 눈에 들어있는 티는 금세 알아차리는 게 사람입니다. 남 탓을 하기는 쉬워도 자신을 반성하고 채찍질하기는 어렵습니다. 큰 그릇은 남을 탓 하기 앞서 자신의 행동을 먼저 뒤돌아봅니다.

몰리에르 (Molié re, 1622~1673) 17세기 프랑스의 극작가이자 배우이다. 《동 쥐앙》과 《인간 혐오자》 등의 작품이 있다.

행복 문자

참을 수 없는 고통은
우리를 무척이나 괴롭힌다.
하지만 오랫동안 계속되는
고통은 참을 수 있다.
그리하여 마음은 그 자신 속에 머무르며,
상처를 받게 되는 사람들은
만일 가능하다면 그 고통에 대해서
각자의 의견을 나타내는 것이 좋다.

마르쿠스 아우렐리우스

Today Memo

마르쿠스 아우렐리우스 (Marcus Aurelius Antoninus, 121~180) 로마제국의 제16대 황제이자, 후기 스토아파의 철학자였다. 《명상록》을 남겼다.

행복 문자

오늘이라는 날은
두 번 다시 오지 않는다는 것을 잊지 말라.

단테

늘 곁에 있기에 고마움을 느끼지 못하는 것이 많습니다.
심 호흡을 하게 해주는 공기, 사랑하는 가족… 꼽자 들면 참으로 많지요.
그중에서도 오늘이라는 하루는 더욱 소중한 것입니다.
흘러가면 다시 돌아오지 않는 것이 바로 이 순간이니까요.

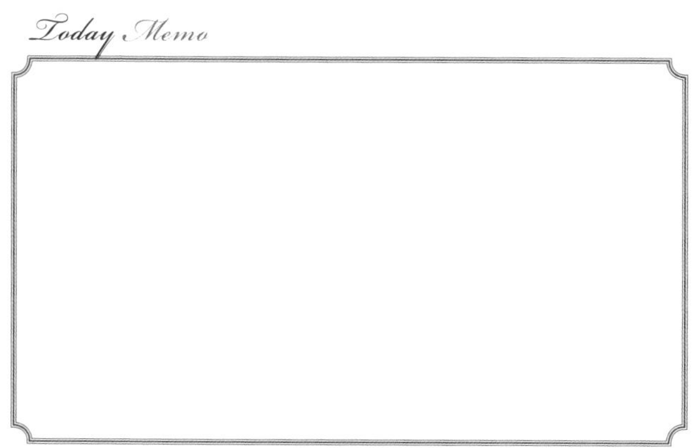

알리기에리 단테 (Alighieri Dante, 1265~1321) 불후의 명작 《신곡》의 저자. 13세기 이탈리아의 시인으로, 예언자로도 불린다. 중세의 정신을 종합한 문예부흥의 선구자다.

미래를 신뢰하지 마라, 죽은 과거는 묻어버려라 그리고 살아있는 현재에 행동하라.

롱펠로

영어 프레젠트(Present)는 현재와 선물이라는 뜻을 갖고 있습니다.
지금 자신이 존재하는 이 순간만큼 값진 선물이 있을까요?
과거의 기억에 고통받고, 다가오지 않은 미래에 대한 불안으로 떨기보다
오늘에 충실해야 합니다.

Today Memo

헨리 롱펠로 (Henry Wadsworth Longfellow, 1807~1882) 미국의 시인으로 프랑스 이민자들의 식민지 전쟁을 배경으로 한 비련의 장시 《에반젤린》이 유명하다.

182

행복 문자

검약은 훌륭한 소득이다.

에라스무스

천금을 갖고 있다 한들, 낭비하면 그 끝은 참혹합니다. 엄청난 로또 당첨금을 받고도 몇 년 못 가 알거지 신세가 된 사람들의 이야기를 듣지 않더라도, 아끼고 절약하는 것만큼 큰 소득은 없습니다. 많이 버는 것보다 중요한 것은 소비를 절제하며 사는 것입니다.

데시데리위스 에라스무스 (Desiderius Erasmus, 1466~1536) 네덜란드의 인문학자. 수도사로 교회의 타락을 신랄하게 비판했다.

욕심이 작으면 작을수록 인생은 행복하다. 이 말은 낡았지만 결코 모든 사람이 다 안다고는 할 수 없는 진리이다.

톨스토이

단칸방에서 오순도순 행복하게 사는 사람이 있는 반면,
궁궐 같은 저택에 살면서도 불행하다고 생각하며 사는 사람도 있습니다.
누구나 아는 진리이지만 욕심을 작게 가질수록
더 행복해진다는 사실을 가슴에 새겨야 합니다.

Today Memo

레프 톨스토이 (Lev Nikolaevich Tolstoi, 1828~1910) 러시아의 소설가 · 사상가. 도스토옙스키와 함께 러시아 문학을 대표하는 세계적 문호다. 대표작은 《전쟁과 평화》다.

행복 문자

재능 가운데 가장 소중한 재능은 한 마디면 될 때 두 마디 말하지 않는 재주이다.

토머스 제퍼슨

핵심을 간결하게 말하는 사람의 말은 거짓말이라고 해도 신뢰가 갑니다.
한 마디 말로 사람의 마음을 움직이는 힘은 정리된 생각,
절제된 사고에서 나오는 법입니다.
한 마디로 가능한 것을 두세 마디로 중언부언하지 않으십니까?

토머스 제퍼슨 (Thomas Jefferson, 1743~1826) 미국 3대 대통령, 미국 건국의 아버지로 추앙받는다. '몬티첼로의 성인'으로도 불리었다.

거북이는 아무도 몰래 수천 개의 알을 낳지만 암탉이 알을 낳을 때면 온 동네가 다 안다.

말레이시아 속담

아직 이루어지지도 않았는데 자신의 일을 떠벌리는 사람이 있는가 하면, 목표를 이루고 난 다음에 세상에 알리는 사람이 있습니다.
시끄럽게 떠벌리는 사람치고,
제대로 이루어내는 일은 많지 않습니다.

Today Memo

행복 문자

젊은이들은 밤중에 태어나서 이튿날 아침 해돋이를 처음 보는 갓난애들 같기 때문에, 어제란 으레 없었던 것처럼 생각하기 쉽다.

서머셋 모음

어제 한 일의 결과는 오늘이나 내일이 되어야 나타납니다.
시험을 앞두고 열심히 공부하면 좋은 성적을 올리는 법입니다.
어제가 쌓여서 오늘과 내일이 된다는 사실은 누구나 아는 듯싶지만,
행동으로 옮기는 이는 많지 않습니다.

윌리엄 서머셋 모음 (William Somerset Maugham, 1874~1965) 영국의 소설가로 《인간의 굴레》, 《달과 6펜스》 등의 작품이 있다.

사람은 일하기 위해서 이 세상에 태어난 것이다
단지 명상하고 느끼고 꿈꾸기 위해
이 세상에 태어난 것은 아니다.
모든 사람은 그의 능력에 따라 자기가
하고 싶은 일을 할 때 가장 빛난다.
일만 알고 휴식을 모르는 사람은 브레이크 없는
자동차와 같이 위험하기 짝이 없다.
그러나 쉴 줄만 알고 일할 줄 모른 사람은
모터가 없는 자동차와
마찬가지로 아무 쓸모가 없다.

헨리 포드

Today Memo

헨리 포드 (Henry Ford, 1863~1947) 미국 자동차 회사 '포드'의 창립자이다. 합리적 경영방식을 도입해 포드를 미국 최대의 자동차 제조업체로 성장시켰다.

행복 문자

ㅏ지 않으면 밤이 길고, 피곤하면 길이 멀고, 어리석으면 생사가 길다.

법구경

최선을 다하는 사람은 하루가 짧습니다.
험한 길을 꿋꿋하게 헤쳐가는 추진력도 강합니다.
아무것도 하지 않은 채로 시간을 보내는 사람은 하루가 길고,
ㅏ까운 길도 멀게 느껴집니다. 현명한 사람은 매 순간 최선을 다합니다.

법구경 (法句經) 인도의 승려 법구(法救)가 부처의 이야기들을 모아 엮은 경전이다. 인생에 지침이 될 만큼 좋은 경구들이 39개의 품으로 이루어져 있다.

인간은 항상 시간이 모자란다고 불평을 하면서 마치 시간이 무한정 있는 것처럼 행동한다

세네카

바쁘다는 사람을 보면, 자신이 해야 할 일을 제대로 챙기지 못하는 때가 많습니다. 효율적인 사람들은 급한 일, 당장 할 일, 나중에 해야 할 일을 잘 판단합니다. 시간을 아껴 쓰고, 쪼개 쓰는 절제력을 갖고 있습니다.

루시우스 세네카 (Lucius Annaeus Seneca, BC 55(?)~AD 39) 고대 로마의 수사가. 아들에게 웅변술을 훈련시키기 위하여 쓴 《논쟁 문제집》과 《설득법》은 후세 사람들에게 널리 읽혀졌다.

자기 일을 게을리 하며 남의 물건을 빼앗지 마라
자신의 노동으로 자신을 먹이지 않고
남이 나를 먹일 것을 강요하는 자는
식인종이나 마찬가지다.

타고르

공짜로 생기는 것은 아무것도 없습니다.
무엇이든 그만한 대가가 요구됩니다.
공부하지 않고 좋은 성적을 올리는 것은 도둑 심보입니다.
스스로 땀 흘려 거둔 결실이 아니라면 절대 탐내지 말아야 합니다.

Today Memo

라빈드라나트 타고르 (Rabindranath Tagore, 1861~1941) 인도 시인. 시집 《기탄잘리》로 노벨문학상을 수상했다.

행복 문자

배우기만 하고 생각하지 않으면 어두우며, 생각하기만 하고 배우지 않으면 위태롭다.

논어

어느 한쪽에 치우치는 것은 바람직스럽지 않습니다.
지식이 많다고 한들, 이로운 곳에 쓰지 않으면 오히려
알고 있지 못한 것이 낫습니다.
또 재주가 있어도 제대로 배우지 않으면 엉뚱한 곳에 쓰기 쉽습니다.

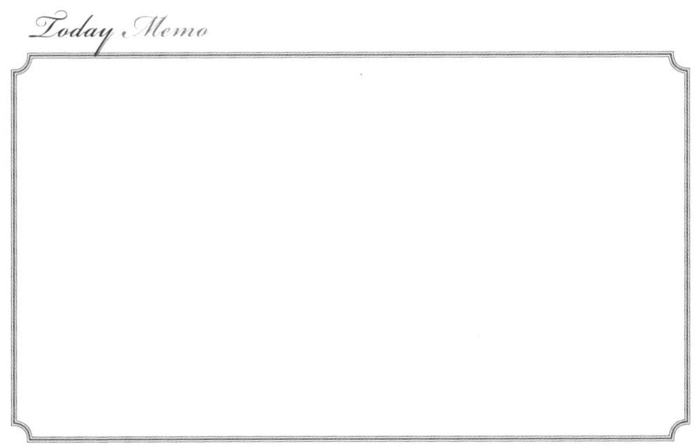

논어 (論語) 유교 경전으로 공자와 제자들의 언행이 담긴 어록이다. 공자와 그 제자와의 문답, 공자의 발언과 행적 등 인생의 교훈이 되는 말들이 간결하게 소개된 책이다.

남의 생활과 비교하지 말고 네 자신의 생활을 즐겨라.

콩도르세

시샘이 많은 사람은 자신의 것에 만족하지 않습니다.
남과 비교를 잘 하는 사람은 편하게 자신의 인생을 누리지 못합니다.
남이 어떻게 살든, 자신의 삶을 즐겁게 꾸려나가는
지혜를 가져야 합니다.

Today Memo

마르퀴스 콩도르세 (Marquis de Condorcet, 1743~1794) 프랑스의 철학자 · 수학자 · 정치가로 과학아카데미 회원과 입법의회 의원으로 활동했다.

탐욕이 많은 사람은 금을 나눠주어도 옥을 얻지 못함을 한하고 공에 봉하여도 제후 못됨을 불평한다.

채근담

갖고 있는 것에 만족하는 안분지족의 지혜는 마음먹기에 달렸습니다. '말 타면 종을 부리고 싶다'는 속담처럼 사람의 욕심은 끝이 없습니다. 마음속에서 스멀스멀 피어나는 탐욕을 줄이는 지혜가 필요합니다.

채근담 (菜根譚) 중국 명나라 시대 환초도인 홍자성의 어록으로 유교에 뿌리를 두고, 도교와 불교 사상까지 폭넓게 수용한 책이다. 제목은 "사람이 야채 뿌리를 잘 씹으면 곧 백년을 이룬다"는 말에서 따왔다.

행복 문자

세상에서 제일 즐겁고 훌륭한 일은 한 생애를 통해 일관된 일을 가지는 일이다.

올리버 골드스미스

"한 우물을 파라." 성공한 사람들이 자주 들려주는 성공 비결입니다.
살면서 이런저런 유혹에 몸과 마음이 흔들리기 십상입니다.
외길 인생, 한 우물에 투자하면 성공 열매를 우리 모두 먹을 수 있습니다

Today Memo

올리버 골드스미스 (Oliver Goldsmith, 1728~1774) 아일랜드 출신의 영국 시인이자 소설가 겸 극작가다. 《나그네》라는 시가 대표작이다.

행복 문자

바보 같은 사람을 보고 싶지 않다고 한다면 먼저 자기 거울을 깨뜨릴 필요가 있다.

프랑소와 라블레

다른 사람의 모습이 눈에 거슬릴 때가 있습니다. 그런 생각이 들 때면,
그 사람을 비난하기보다 자신의 모습을 먼저 되돌아보십시오.
지금 나의 모습은 어떤지, 어쩌면 그 사람보다
더 못난 행동을 하고 있지 않은지 말입니다.

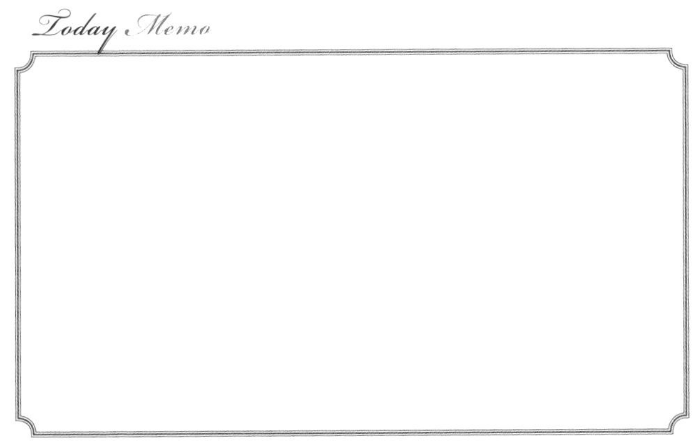

프랑소와 라블레 (François Rabelais, 1494~1553) 프랑스의 의학자 겸 인문학자. 인간성을 왜곡시키는 일체의 것에 저항하는 용감한 휴머니스트였다.

입에 맛있는 음식은 모두가 창자를
짓무르게 하고 뼈를 썩게 하는 나쁜 약이다.
실컷 먹지 말고
5분쯤에 멈추면 재앙이 없다.
마음에 쾌한 일은 모두 몸을 망치고
덕을 잃게 하는 중매다.
너무 탐닉하지 말고
5분쯤에 멈추면 뉘우침이 없다.

채근담

Today Memo

채근담 (菜根譚) 중국 명나라 시대 환초도인 홍자성의 어록으로 유교에 뿌리를 두고, 도교와 불교 사상까지 폭넓게 수용한 책이다. 제목은 "사람이 야채 뿌리를 잘 씹으면 곧 백년을 이룬다"는 말에서 따왔다.

행복 문자

너무 많이 쓰면 안 되는 것이 세 가지 있다.
그것은 빵의 이스트, 소금, 망설임이다.

유태 격언

맛있는 음식을 만들기 위해 좋은 재료를 이것저것 많이 섞는다고 훌륭한 맛이 나는 것은 아닙니다. 한 숟가락의 소금, 약간의 기름으로도 재료의 맛을 최상으로 살릴 수 있습니다. 마음에서 피어나는 생각도 적게 쓰는 지혜가 필요합니다.

Today Memo

사람의 육체에는 요긴한 여섯 가지가 있다.
세 가지는 자기가 지배할 수 없지만
다른 세 가지는 자기의 힘으로
지배할 수 있다. 눈, 코, 귀가 전자이고
입, 손, 발이 후자이다

탈무드

내 몸에서도 인생의 진리를 찾을 수 있습니다.
내 힘으로 어쩌지 못하는 기관과 얼마든지 통제 가능한 곳이 있습니다.
말하는 것, 움직이는 것, 내 의지에 따라 얼마든지 절제가 가능합니다.

Today Memo

탈무드 (Talmud) 유대인 율법학자들이 사회의 모든 사상(事象)에 대하여 구전, 해설한 것을 모은 책이다. 유대인의 정신적 · 문화적인 유산이다.

행복 문자

사람을 타락시키는 가장 큰 악마는 자신을 부정적으로 생각하는 것이다.

괴테

나쁜 습관은 또 다른 나쁜 습관을 불러오기 십상입니다.
그중에서도 가장 나쁜 것은 자신을 부정적으로 생각하는 습관입니다.
용기를 북돋고, 격려를 해주어야 할 자신에게 부정적인 생각으로
무거운 짐을 지우는 것은 어리석은 행동입니다.

Today Memo

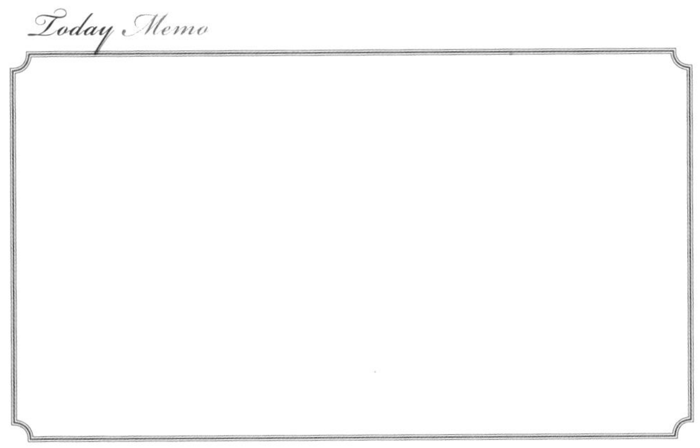

요한 볼프강 괴테 (Johann Wolfgang von Goethe, 1749~1832) 독일의 시인 · 극작가 · 정치가 · 과학자이다. 바이마르 공국(公國)의 재상을 지냈다. 대표작으로 《파우스트》가 있다.

우리는 다른 사람이 우리를 좋아하도록 만드는 데 자신이 가진 것의 4분의3을 소비한다

쇼펜하우어

혼자서 세상을 잘 살아갈 사람은 아주 드뭅니다.
우리 모두는 누군가와 좋은 관계를 맺고 살아야 하는 사회적 동물입니다.
그렇지만 지나치게 남의 눈을 의식해서,
자신의 소신껏 행동하지 못하는 것은 어리석은 일입니다.

Today Memo

아르투르 쇼펜하우어 (Arthur Schopenhauer, 1788~1860) 독일의 철학자. 염세사상을 설파했다. 《의지와 표상(表象)으로서의 세계》가 대표작이다.

VI

내 아이에게 전해주는 오늘의 행복 문자

지혜

Wisdom

행복 문자

현명한 사람은 역사에서 배우고, 어리석은 사람은 경험에서 배운다.

비스마르크

눈앞에 보이는 이익에만 매달려 사느라 바쁜 사람이 많습니다.
그런 삶은 다람쥐 쳇바퀴 돌듯 뻔한 인생을 살 수밖에 없습니다.
거시적인 안목을 가지고 있는 사람은 지난 역사 속에서
해답을 찾아내는 지혜를 갖고 있습니다.

Today Memo

오토 폰 비스마르크 (Otto Eduard Leopold von Bismarck, 1815~1898) 철혈 재상으로 불리는 인물로 독일 제국을 건설해 제2제국 수립 후 초대 수상이 되었다.

행복 문자

책은 남달리 키가 큰 사람이요, 다가오는 세대가 들을 수 있도록 소리 높이 외치는 유일한 사람이다.

브라우닝

책 속에서 발견하는 지혜는 다른 사람들의 값진 경험을 아주 쉽게 내 것으로 만드는 것입니다. 손에서 책을 놓지 않고, 그 속에 들어있는 수많은 지혜를 자신의 것으로 바꾸는 노력을 게을리 하지 말아야 합니다.

로버트 브라우닝 (Robert Browning, 1812~1889) 영국 빅토리아 시대를 대표하는 시인. 《리포 리피 신부》, 《안드레아 델 사르토》 등의 명작을 남겼다.

약자를 깔보지 말고 상대를 배려하라.
잘난 체하지 말되
공적인 일에선 용기 있게 나서라.

'이튼칼리지' 교훈

남보다 조금 더 강한 힘, 조금 나은 지식을 갖고 있다고 해서
사람을 무시하고, 배려하지 않는다면,
언젠가는 자신도 보다 나은 사람에게 똑같은 대접을 받을 수 있습니다.

Today Memo

이튼 칼리지 (Eton Collage) 헨리 6세 때인 1440년 설립된 이래, 총리만 18명을 배출한 영국 최고의 명문고다. 학과 수업보다 전인교육, 인성교육에 더 많은 투자를 하는 학교다.

행복 문자

상상력이 지식보다 더 중요하다.

아인슈타인

많이 아는 것만큼 중요한 일이 있습니다.
새로운 것을 생각하는 상상력입니다. 달나라에 갈 수 있다는
상상력이 인간을 우주로 향하게 만들 듯, 상상력을 키우고
동시에 실행력을 키워가면 우리 모두 발전할 수 있습니다.

알베르트 아인슈타인 (Albert Einstein, 1879~1955) 상대성 이론을 발표한 물리학자로 미국의 원자폭탄 연구인 맨해튼 계획의 기초를 세운 인물이다. 그를 기념한 아인슈타인상(賞)이 제정되어 있다.

얼굴 아는 이는 천하에 가득한데,
마음 아는 이는 과연 몇이나 될까

명심보감

시각 장애인이 아니라면 자신의 얼굴을 모르는 사람은 없습니다.
눈, 코, 입 생김새에 불만을 갖는 것은 그 모습을 알기 때문입니다.
하지만 자신의 마음을 제대로 알고 사는 사람은 얼마나 될까요?
자신의 본 모습을 찾는 일, 게을리 하지 말아야 합니다.

Today Memo

명심보감 (明心寶鑑) 고려 충렬왕 때의 문신 추적(秋適)이 옛 성현들의 좋은 말들을 골라 모아 놓은 책이다. 공자를 비롯한 성현들의 금언을 소개하며 바른 삶의 자세를 일깨우는 책이다.

행복 문자

우리는 함께 갈 때,
훨씬 빨리 갈 수 있다.

마르틴 루터 킹

1백 리길을 달리는 마라톤은 혼자 뛰기엔 너무나 먼 거리입니다.
그렇지만 신기록에 도전하기 위해 경쟁자와 함께 달리면
먼 거리도 빨리 달려갈 수 있습니다. 힘든 일도 마찬가지입니다.
서로 격려하며, 선의의 경쟁을 하면 빨리 풀립니다.

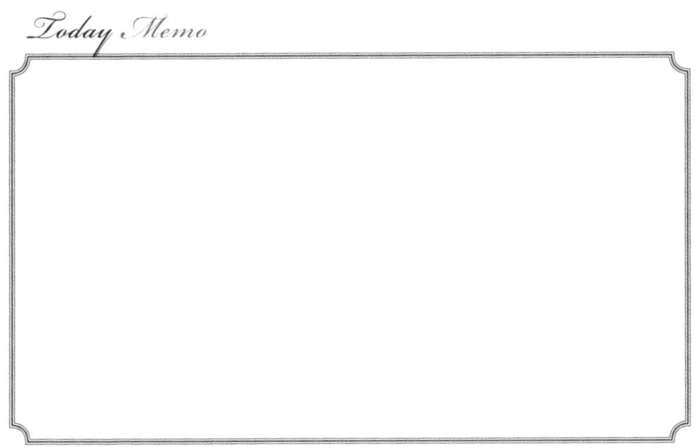

마르틴 루터 킹 (Martin Luther King Jr. 1929~1968) 미국의 침례교회 목사이자 흑인해방운동가. 노벨 평화상을 수상했으며, 저서로 《자유를 향한 위대한 행진》이 있다.

행복 문자

나는 누구인가? 스스로 물으라.
자신의 속 얼굴이 드러나 보일 때까지
묻고 물어야 한다.

법정

내가 누구인지 자신의 실체를 정확하게 알기는 쉽지 않습니다.
매일 시간을 내서 눈을 감고, 자신이 어떤 사람인지 생각해 보십시오.
그러면서 미래에 어떤 사람이 될지 그 모습을 함께
그려 보면, 자신의 실체를 더 쉽게 알아낼 수 있습니다.

법정 (法頂, 1932~2010) 승려이자 수필 작가이다. 대표작으로 《무소유》, 《오두막 편지》 등이 있다. 청빈한 삶을 실천한 인물이다.

바다보다 더 장대한 것은 하늘이고, 하늘보다 더 장대한 것은 사람의 마음이다.

빅토르 위고

세상에서 가장 강력한 힘을 지니고 있는 것은 나의 마음입니다.
내 마음은 생각하기에 따라 우주를 덮을 수 있지만,
마음먹기에 따라 비좁은 단칸방이 되기도 합니다.
내 마음을 크게 쓸지, 작게 쓸지 오직 자신에게 달렸습니다.

Today Memo

빅토르 위고 (Victor Marie Hugo, 1802~1885) 프랑스의 낭만파 시인, 소설가 겸 극작가. 《노트르담 드 파리》가 대표작이다.

행복 문자

이것 또한 지나가리라

솔로몬

참 의미심장한 말입니다. 즐거움도, 슬픔도 시간이 지나면
세월의 흐름에 묻히거나 지워집니다.
지금 어떤 상황에 놓여있든 그 상황은 흘러갑니다.
현재에 충실한 사람이 되어야 하겠습니다.

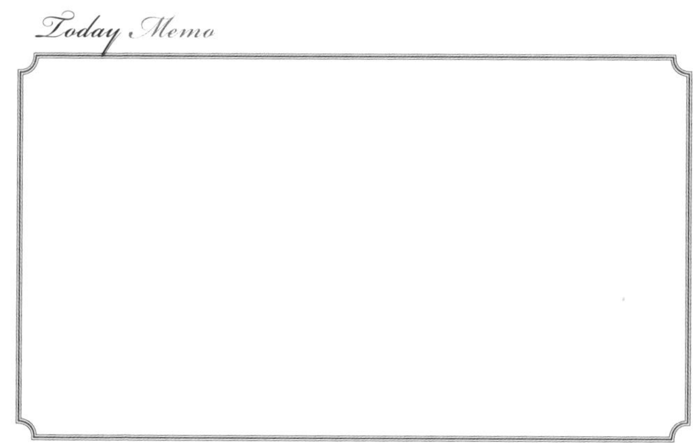

솔로몬 (Solomon, 992(?)~BC 912(?)) 이스라엘 왕국 제3대 왕으로 '지혜의 왕'으로 불린다. 대외평화에 힘을 쏟아 왕국의 전성기를 구가해 '솔로몬의 영화'로 일컬어지는 시대를 만들었다.

인생이란 원래 공평하지 못하다. 불평할 생각하지 말고 받아들여라.

빌 게이츠

불평할 시간에 생산적인 일에 더 몰두하는 것, 크게 이룬 사람들의 공통점입니다. 생각은 말을 만들고, 말은 믿음을 만든다고 합니다. 불평을 하면 할수록 불평거리가 더 많이 생긴다는 것을 알아야 합니다.

Today Memo

윌리엄 헨리 게이츠 3세 (William Henry Gates 3,1955~) 마이크로소프트사를 설립한 인물로 '컴퓨터의 황제'로 불린다. 〈포브스 Forbes〉지에서 선정하는 세계 억만장자 순위에서 13년 연속 1위를 차지했다

자기가 할 수 있는 모든 것을 하는 것은 인간이 되는 것이요, 자기가 하고 싶은 모든 것을 하는 것은 신이 되는 것이다.

나폴레옹

할 수 있는 모든 것을 해보는 것은 대단한 열정과 추진력을 갖고 있는 사람이 누리는 것입니다. 살면서 하고 싶은 일은 참 많습니다. 하지만 하고 싶다고 모든 것을 할 수는 없습니다. 나폴레옹도 그것은 신의 영역이라고 했습니다.

Today Memo

나폴레옹 1세 (Napoleon Bonaparte, 1769~1821) 프랑스의 군인 · 제1통령 · 황제를 지냈다. 러시아 원정 실패로 엘바 섬에, 워털루 전투 패배로 세인트 헬레나 섬에 유배되었다.

인생은 우리가 꼼짝할 수 없는 상태가 되었을 때도 우리에게 항상 새로운 자금과 새로운 자원을 제공한다. 인생의 장부에 동결자산 같은 것은 없다.

헨리 밀러

건강이 허락하는 한, 누구나 절망은 없습니다.
끝이라고 생각했을 때, 자신의 곁에 새로운 길이 열립니다.
그런 까닭에 우리의 삶이 더 흥미진진한 것일 수 있습니다.
실패를 딛고 일어나 성공한 사람은 주변에 참 많습니다.

Today Memo

헨리 밀러 (Henry Valentine Miller, 1891~1980) 미국 소설가. 파리 생활의 경험을 토대로 쓴 《북회귀선》이 대표작으로 반(反)문명적 사상이 생생하게 묘사된 작품으로 평가받는다.

행복 문자

노동을 사랑하라.
먹을 것을 얻기 위해 노동을 할 필요가 없는
사람일지라도 건강을 위해서
노동을 할 필요가 있을 것이다.
신체와 정신에 다 같이 유익하다.
노동을 하면 태만과 타성에
빠지는 것을 막을 수 있다.

월리엄 펜

월리엄 펜 (William Penn, 1644~1718) 미국 펜실베이니아주를 일군 인물이다. 그곳을 퀘이커 교도를 중심으로 자유로운 신앙의 신천지를 만들었다.

지혜의 힘이 위대한 이유는 평범함 속에서도 기적을 발견하기 때문이다.

에머슨

지혜로운 사람은 생각의 힘을 이용해서 새로운 것을 만들어 냅니다.
머릿속에서 가장 많이 떠오르는 생각을 통제하고,
원하는 것에 생각을 집중하면 전혀 해결 기미가 보이지 않던
큰 고민도 풀릴 방법이 찾아집니다.

Today Memo

랠프 왈도 에머슨 (Ralph Waldo Emerson, 1803~1882) 미국의 사상가 겸 시인이다. 자연과의 접촉에서 고독과 희열을 발견한 신비적 이상주의자다. 《자연론》, 《대표적 위인론》 등의 저서가 있다.

찡그린 얼굴을 펴기만
하는 것으로 마음도 따라서 펴지는 법이다.
웃음은 가장 좋은 화장이고 건강법이다.
웃음은 인생의 약이다.

알랭

웃음 치료 요법, 웃음의 효과가 강조되고 있습니다.
웃음은 감사하는 마음과 비례합니다. 지금 가진 것에 감사하면서,
좀 더 많은 것을 나누고 싶다고 생각하면,
입가에 웃음이 사라지지 않습니다.

알랭 (Alain, 1868~1951) 프랑스의 철학자 · 평론가. 필명 알랭은 중세 시인 Alain Chartier에서 따왔다. 신문에 《노르망디인의 어록》을 3,098회나 연재했다. 결정론을 경멸하고 '판단의 자유'를 중시했다.

사람마다 마음이 통일되면 모든 행동도 하나로 통일된다.

장자

유능한 지도자는 아랫사람의 마음을 한 곳으로 뭉치게 합니다. 전쟁터의 장수가 적진을 돌파하는 전과를 세울 수 있는 것은 모든 부하들의 마음을 이길 수 있다는 쪽으로 뭉치는 힘을 갖고 있기 때문입니다. 뜻을 함께 하는 일, 리더가 키워야 할 큰 덕목입니다.

Today Memo

장자 (莊子, BC 369~BC 289(?)) 중국 제자백가(諸子百家) 중 도가의 대표자로 도(道)를 천지만물의 근본 원리로 생각했다.

행복 문자

무식한 것을 두려워하지 말라. 허위의 지식을 가지고 있음을 두려워하라.

괴테

모르는 것은 부끄러운 일도, 걱정할 일도 아닙니다.
배울 수 있는 기회를 만들면 언젠가는 알게 되기 때문입니다.
걱정할 일은 잘못된 지식을 갖고 있는 것입니다.
내가 아는 지식만이 옳다고 생각하는 독선도 문제입니다.
정확히 알고, 제대로 실천하는 힘이 필요합니다.

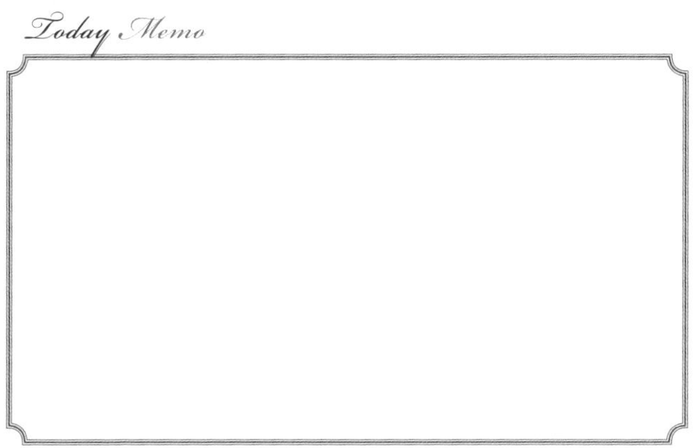

요한 볼프강 괴테 (Johann Wolfgang von Goethe, 1749~1832) 독일의 시인 · 극작가 · 정치가 · 과학자이다. 바이마르 공국(公國)의 재상을 지냈다. 대표작으로 《파우스트》가 있다.

괴로울 때가 있고 즐거울 때가 있다.
고락이 서로 접하고 교대하는 가운데
심신이 연마되어 간다.
행복과 평화의 경지는 끊임없이
서로 접하는 경험에서 얻은 것이라야
생명이 긴 법이다.
아직 깊은 고통을 경험하지 못한 사람이
어찌 깊은 즐거움을 맛볼 수 있을 것인가.
고통을 바탕으로 하지 않은 성과는
기초 없이 세운 집과 같아서
언제 무너질지 모른다.
인생은 고락이 서로 접해
흐르는 물속에서 떠내려가는 한 조각의
나무는 아니다.
고락이 교대하여 흘러가는 동안에
숭고한 정신을 얻게 되는 것이
인생의 모습이다.

채근담

채근담 (菜根譚) 중국 명나라 시대 환초도인 홍자성의 어록으로 유교에 뿌리를 두고, 도교와 불교 사상까지 폭넓게 수용한 책이다. 제목은 "사람이 야채 뿌리를 잘 씹으면 곧 백년을 이룬다"는 말에서 따왔다.

행복 문자

누가 가장 행복한 사람인가? 남의 장점을 존중해 주고 남의 기쁨을 자기의 것인 양 기뻐하는 자이다.

괴테

함께 나눌 줄 아는 사람은 행복합니다.
함께 즐거워하고, 남의 단점보다 장점을 먼저 찾는 마음은
작은 연습으로 가능해집니다. 잠자리에 들기 전, 오늘 하루 다른 사람과
얼마나 마음을 나눠가졌는지 되돌아보는 시간이 필요합니다.

요한 볼프강 괴테 (Johann Wolfgang von Goethe, 1749~1832) 독일의 시인 · 극작가 · 정치가 · 과학자이다. 바이마르 공국(公國)의 재상을 지냈다. 대표작으로 《파우스트》가 있다.

행복은 바람둥이와 같아서 언제나 같은 장소에 머물 줄을 모른다.

하이네

변하지 않고 그 모습 그대로 지켜가는 것은 세상에 존재하지 않습니다.
행복 역시 마찬가지입니다. 행복해지려는 마음이 부족하면,
아무리 좋은 환경에 놓여있어도 그것을 느끼지 못합니다.
가슴속에 존재하는 행복이라는 파랑새를 잠재우지 마십시오.

Today Memo

하인리히 하이네 (Christian Johann Heinrich Heine, 1797~1856) 독일의 시인. 달콤한 사랑의 시를 많이 남겼다. 〈밤의 생각들〉과 운문 서사시 〈독일. 겨울동화〉가 유명하다.

힘으로서 사람을 복종시키지 말고 덕으로서 사람을 복종시켜라.

맹자

권력으로, 돈으로 사람을 지배할 수 있다고 생각하십니까?
이것은 지혜롭지 않습니다. 겉으로는 자신을 따르는 듯싶어도
마음속으로는 거부하는 생각들이 가득 차 있을 수 있습니다.
사람을 따르게 하는 큰 힘은 덕을 베푸는 것입니다.

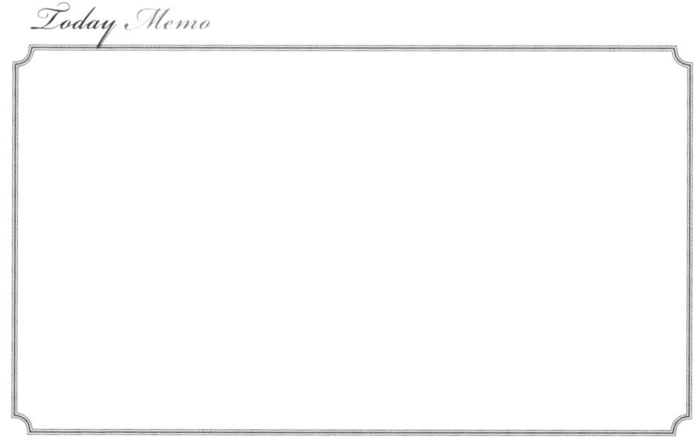

맹자 (孟子, BC 372(?)~BC 289(?)) 중국 전국시대의 유교 사상가. 제자백가(諸子百家)의 한 사람으로 도덕 정치인 왕도(王道)를 주장했다.

남을 너그럽게 받아들이는 사람은 항상 사람들의 마음을 얻게 되고, 위엄과 무력으로 엄하게 다스리는 자는 항상 사람들의 노여움을 사게 된다.

세종대왕

마음이 넉넉한 사람이 되는 것이 참으로 중요합니다.
맹자가 강조한 측은지심(惻隱之心)은 인(仁)에서 우러나오는,
남을 불쌍히 여기는 타고난 착한 마음입니다.
착한 마음이 다른 사람의 마음까지 절로 얻게 합니다.

Today Memo

세종대왕 (世宗, 1397~1450) 조선 제4대 왕이다. 독창적인 문화를 일으킨 군주다. 훈민정음을 창제하고, 측우기 등의 과학 기구를 제작했다.

꿀은 달지만 꿀벌은 쏜다.

조지 허버트

공부하는 것보다 컴퓨터 게임을 하는 것,
일하는 것보다 노는 것이 더 달콤한 것이 사실입니다.
순간의 달콤함은 나중에 긴 후회를 남기게 됩니다.
꿀은 달지만, 꿀벌이 침으로 쏘는 이유를 깨달아야 할 것입니다.

조지 허버트 (George Herbert, 1593~1633) 영국의 목사로 형이상파의 시인이다. 종교 시집 《성당(聖堂) The Temple》이 대표작이다.

행복 문자

마음이 현실을 만들어 낸다.
우리는 마음을 바꿈으로써 현실을 바꿀 수 있다

플라톤

마음먹기에 따라 지옥도 천당이 된다고 합니다.
지금 힘들고, 어려운 현실을 기쁘게 받아들이는 마음을 가지면
얼마든지 즐겁고 희망차게 살아갈 수 있습니다.
마음이 먼저 바뀌면, 현실도 놀랄만큼 바뀝니다.

Today Memo

플라톤 (Plato, BC 428~BC 348) 고대 그리스의 철학자, 형이상학의 수립자. 영원불변의 개념인 이데아를 통해 존재의 근원을 밝히려고 했다.

절망하지 말라.
설혹 너의 형편이
절망하지 않을 수 없더라도
그래도 절망은 하지 말라.
이미 끝장이 난 듯싶어도 결국은 또 새로운
힘이 생겨나는 것이다.
최후에 모든 것이 정말로
끝장이 났을 때는
절망할 여유도 없지 않겠는가.

카프카

프란츠 카프카 (Franz Kafka, 1883~1924) 존재의 불안을 통찰한 실존주의 문학의 선구자로 평가받는다. 대표작으로 《변신》이 있다.

가난의 고통을 없애는 방법은 두 가지다.
자기의 재산을 늘리는 것과
자신의 욕망을 줄이는 것이다.
전자는 우리의 힘으로 해결되지 않지만
후자는 언제나 우리의 마음가짐으로 가능하다

톨스토이

실현 가능한 욕심을 품는 것이 마음을 평화롭게 하는 지름길입니다.
가난 역시 마찬가지입니다. 열심히 노력해서 돈을
더 많이 버는 것과 더불어 욕심의 크기를 줄이면
빈곤한 삶이 힘겹게 느껴지지 않는 법입니다.

Today Memo

레프 톨스토이 (Lev Nikolaevich Tolstoi, 1828~1910) 러시아의 소설가 · 사상가. 도스토옙스키와 함께 러시아 문학을 대표하는 세계적 문호다. 대표작은 《전쟁과 평화》다.

사람의 눈은 그가 현재 어떻다 하는 인품을 말하고, 사람의 입은 그가 무엇이 될 것인가 하는 가능성을 말한다.

고리키

자신감이 넘치고 의욕이 있는 사람은 눈동자가 초롱초롱 빛이 납니다.
말을 하는 것도 마찬가지입니다. 신중한 사람,
신의가 있는 사람은 아무 말이나 내뱉지 않습니다.
책임질 수 있는 이야기만 합니다.

막심 고리키 (Maksim Gor'kii, 1868~1936) 러시아 작가. 프롤레타리아 문학의 선구자로 소설 《어머니》가 대표작이다.

어려서 겸손해져라, 젊어서 온화해져라, 장년에 공정해져라, 늙어서는 신중해져라.

소크라테스

나이가 들어감에 따라 그에 걸맞은 처신을 할 줄 알아야 합니다.
겸손해지는 법, 친절해지는 법, 공평하게 대하는 법,
신중해지는 법은 어느 나이 때나 고루 갖춰야 할 미덕입니다.

Today Memo

소크라테스 (Socrates, BC 469~BC 399) 고대 그리스의 철학자. 자신과 자기 근거에 대해 묻는 영혼 차원의 내면 철학의 시조라고 할 수 있다.

행복 문자

책은 위대한 천재가 인류에게 남겨주는 유산이며, 그것은 아직 태어나지 않은 자손들에게 주는 선물로서, 한 세대에서 다른 세대로 전달된다.

에디슨

세상 모든 지식은 책 속에 들어있습니다.
손에서 책을 놓지 않는 습관은 마음 그릇을 키우는 지름길입니다.
책을 가까이 하면서, 그 속에 있는 세상 모든 지혜를 자신의 삶으로 초대하는 것은 지혜로운 사람의 몫입니다.

토머스 앨바 에디슨 (Thomas Alva Edison, 1847~1931) 미국의 발명가. 1,093개의 미국 특허가 에디슨의 이름으로 등록되어 있다. 어둠을 밝히는 전구를 발명했다.

행복 문자

한 건축물에서 보아야 할 세 가지가 있다. 그것은 적절한 자리에 서 있는가, 안전하게 기초가 되어 있는가, 잘 지어져 있는가이다.

괴테

위대한 건축물은 기초가 단단해
비 바람에 잘 견디도록 지어져 있습니다. 삶도 마찬가지입니다.
바른 인간성은 행복한 삶을 지켜가는 단단한 기초입니다.
상황에 맞춰 처신하는 신중함과 공정함은 인생을 풍요롭게 만듭니다.

요한 볼프강 괴테 (Johann Wolfgang von Goethe, 1749~1832) 독일의 시인 · 극작가 · 정치가 · 과학자이다. 바이마르 공국(公國)의 재상을 지냈다. 대표작으로 《파우스트》가 있다.

그릇이 차면 넘치고,
사람이 자만하면 이지러진다.

명심보감

남보다 앞서 나간다고 자만하면, 가까이 하려는 사람이 없습니다.
그릇이 차면 물이 넘치지만,
사람의 마음은 얼마든지 넘치지 않게 할 수 있습니다.
겸손하고, 베풀 줄 아는 사람은 절대 마음의 그릇을 넘치지 않습니다.

Today Memo

명심보감 (明心寶鑑) 고려 충렬왕 때의 문신 추적(秋適)이 옛 성현들의 좋은 말들을 골라 모아 놓은 책이다. 공자를 비롯한 성현들의 금언을 소개하며 바른 삶의 자세를 일깨우는 책이다.

행복 문자

대는 두 개의 손과 한 개의 입을 가지고 있다.
그 뜻을 잘 생각해보라.
하나가 노동을 위해서,
다른 하나가 식사를 위해서 있다.

하인리히 리케르트

장자는 "하루라도 착한 일을 생각하지 않으면,
여러 악한 것이 모두 저절로 일어난다"며 착하게 살 것을 강조했습니다.
두 개의 손과 한 개의 입으로 자신도 모르는 사이 짓는 죄가 많습니다.
손과 입으로 할 수 있는 의미 있는 일들을 늘 생각해야 합니다.

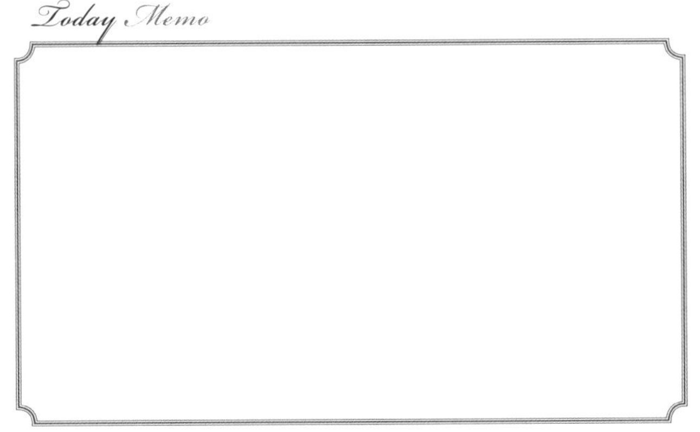

하인리히 리케르트 (Heinrich Rickert, 1863~1936) 독일의 철학자. 빈델반트와 함께 신(新)칸트학 바덴학파의 대표했다. 대표작으로 《철학의 근본문제》가 있다.

결정을 내리기 전에 모든 것을 완벽하게 알고자 고집하는 사람은 결코 결단을 내리지 못한다.

아미엘

축구 경기에 출전한 지네가 전반전이 지나서 운동장에 나타났다고 합니다. 모든 발에 운동화를 신느라 시간이 그만큼 지체한 것입니다. 준비에만 몰입한 나머지 시기를 놓치는 경우도 많습니다. 계획이 서면 지체 없이 실행하는 것이 좋습니다.

Today Memo

앙리 프레데릭 아미엘 (Henri-Frederic Amiel, 1821~1881) 제네바 대학에서 미학(美學)과 철학을 가르쳤다. 시집 여러 권과 문예평론서를 집필, 출판했다.

행복 문자

내가 헛되이 보낸 오늘 하루는
어제 죽어간 이들이 그토록 바라던 하루이다.
하루면 인간적인 모든 것을 멸망시킬 수 있고
다시 소생시킬 수도 있다.

소포클레스

20세기 과학자들은 양자물리학을 통해 물질이
에너지의 파동으로 이루어져 있다는 것을 밝혀냈습니다.
오늘 하루, 우리는 수없이 많은 에너지의 파동 속에서 살아갑니다.
의미 없이 보낸 하루가 누군가에게는 너무나 바라던
그 하루라는 사실을 떠올리며, 충만한 에너지를 느껴야 합니다.

소포클레스 (Sophocles, BC 496~BC 406) 고대 그리스 3대 비극 시인 중의 한 명이다. 정치가로서도 탁월한 식견을 보였다. 대표작은 《아이아스》, 《안티고네》 등이다.

당신이 잘 하는 일이라면 무엇이나 행복에 도움이 된다.

버트런드 러셀

잘할 수 있는 것을 하는 일, 그것은 행복으로 가는 길입니다.
온갖 잡동사니 속에 빠져서, 이럴까 저럴까 망설이는 것은
스스로를 불행의 늪에 몰아넣는 것입니다.
잘 하는 일, 좋아하는 일에 집중해야 합니다.

Today Memo

버트런드 아서 윌리엄 러셀 (Bertrand Arthur William Russel, 1872~1970) 영국의 수학자, 철학자이자 논리학자다. 20세기를 대표하는 지성인으로 평가받는다. 대표작으로 《철학의 제문제》가 있다.

행복 문자

독서와 정신의 관계는, 운동과 육체의 관계와 마찬가지이다.

에디슨

적절한 운동은 몸속의 신진대사를 활발하게
해주는 것 뿐만 아니라 정신까지 맑고 건강하게 만들어줍니다.
많은 이들이 남긴 여러 책 속에서 지혜의 샘물을
길어올리면, 나의 영혼을 살찌우게 됩니다.

Today Memo

토머스 앨바 에디슨 (Thomas Alva Edison,1847~ 1931) 미국의 발명가. 1,093개의 미국 특허가 에디슨의 이름으로 등록되어 있다. 어둠을 밝히는 전구를 발명했다.

눈물은 눈의 멋진 언어다.

헤릭

눈물은 마음을 정화시키는 묘약이 되기도 합니다.
자주 눈물을 흘리면 마음이 약해지기 쉽지만,
더러 속시원하게 눈물을 떨구면 마음에 평화가 찾아들기도 합니다.
눈물이 '눈의 멋진 언어'라고 표현한 시인의 상상력이 참 아름답습니다.

Today Memo

로버트 헤릭 (Robert Herrick, 1591~1674) 17세기 영국의 시인. 왕당파 서정 시인이다. 목가적 서정시를 주로 발표했다

행복 문자

지혜는 경험에서 우러나온다.
경험은 어리석음 속에서 얻어진다.

사샤 기트리

시행착오를 두려워 하면, 한 발짝도 앞으로 나설 수 없습니다.
실패 속에서 배우면, 성공하면서 얻는 것보다 훨씬 더 값집니다.
두려움을 떨쳐내는 용기가 많은 경험과 풍부한 지혜를 쌓게 해줍니다.

사샤 기트리 (Sacha Guitry, 1885~1957) 프랑스의 배우 · 극작가 · 영화작가. 작품으로 《베르그 오프 좀의 탈취》, 《어느 사기꾼의 소설》 등이 있다.

꽃은 졌다가 피고,
피었다 또 진다.
비단 옷을 입었다가도 다시 베옷으로
바꿔 입게 된다.
재산이 많은 사람이라고 해서 언제까지나
반드시 부자는 아니며,
가난한 집이라 해서
늘 적막하지만 않다.
사람을 부추겨 올린다 해도
푸른 하늘까지 올릴 수 없고,
사람을 밀어뜨린다 해도 깊은 구렁에까지
떨어뜨리지 못한다.
그대에게 권고하노니
모든 일을 하늘에 원망하지 말라.
하늘의 뜻은 사람에게
후하고 박함이 없다.

명심보감

명심보감 (明心寶鑑) 고려 충렬왕 때의 문신 추적(秋適)이 옛 성현들의 좋은 말들을 골라 모아 놓은 책이다. 공자를 비롯한 성현들의 금언을 소개하며 바른 삶의 자세를 일깨우는 책이다.

역사는 인간을 현명하게 만들며
시는 예민한 사람을 만든다.
수학은 인간을 고상하게 만들며
자연 철학은 인간을 깊이 있게 만든다.
도덕은 인간을 무겁게 만들며
논리학과 수사학은 인간으로
하여금 논쟁을 잘하게 한다.

베이컨

프란시스 베이컨 (Francis Bacon, 1561~1626) 영국 고전경험론의 창시자이다. 그의 귀납적 관찰 방법은 근대 과학정신의 초석이 되었다. 대표작으로 《학문의 진보》가 있다.

행복 문자

손해 본 일은 모래 위에 새겨 두고, 은혜 입은 일은 대리석 위에 새겨 두라.

프랭클린

나쁜 기억은 먼지 털듯 훌훌 털어내야 합니다.
지난날의 나쁜 기억에 사로잡히면 앞으로 전진하지 못합니다.
그렇지만 자신의 오늘을 만들어 준 사람의 은혜는
늘 잊지 않아야 합니다. 바른 사람은 의리를 지킵니다.

Today Memo

벤저민 프랭클린 (Benjamin Franklin, 1706~1790) 미국 독립의 아버지로 추앙받는다. 절제 있는 생활을 기록한 '자기관리 수첩'이 〈프랭클린 다이어리〉로 발전해 많은 이들의 삶을 가치 있게 이끌고 있다.

격언이나 명언이라고 하는 것은 잘 이해할 수 없어도 놀랄 정도로 쓸모 있는 것이다.

푸슈킨

위대한 사람들이 남긴 말은 곱씹을수록 인생에 피와 살을 만들어줍니다. 날마다 격언을 실천하는 실행력을 키운다면, 풍요롭게 세상을 살지 못할 사람은 없을 것입니다.

Today Memo

알렉산드르 푸슈킨 (Aleksandr Sergeevich Pushkin, 1799~1837) 러시아 국민 시인. 러시아 리얼리즘 문학의 선구자로 《대위의 딸》이 주요 작품이다.

행복 문자

책의 참된 기쁨은 몇 번이고 되풀이해서 읽는 데 있다.

로렌스

좋은 책은 언제 다시 펼쳐 봐도
감동이 그대로 전해집니다. 보고 또 보고 싶은, 마음 울린 책을
지금까지 몇 권이나 읽었는지 생각할 일입니다.
책 읽는 사람은 지혜를 늘려가는 사람입니다.

Today Memo

데이비드 허버트 로렌스 (David Herbert Richards Lawrence, 1885~1930) 영국의 소설가, 시인, 문학평론가이다. 《채털리 부인의 사랑》, 《아들과 연인》 등이 대표작이다.

문을 나설 때는 큰 손님을
만나는 것 같이 하고,
국민들을 부릴 때는
큰 제사를 받드는 것 같이 하고,
자기가 원하지 않는 일을
남에게 행하지 말라.
그렇게 하면 나라에서 일을 해도
원망이 없을 것이고,
집에서 일을 해도 원망이 없을 것이다.

공자

Today Memo

공자 (孔子, BC 551~BC 479) 유교의 시조로 떠받들어지는 중국의 사상가이다. 최고의 덕을 인(仁)에서 찾았다. "자기 자신을 이기고 예에 따르는 삶이 곧 인(仁)"이라는 '극기복례(克己復禮)'를 강조했다.

행복 문자

호랑이는 그리되 뼈는 그리기 어렵고, 사람을 알되 마음은 알지 못한다.

명심보감

자신의 진정한 속마음을 헤아리기 어려울 때가 있습니다.
다른 이의 경우는 더욱 그렇습니다. 사람의 겉모습만 보아서는
그 속을 제대로 알기 어렵습니다. 사람을 살필 때, 겉에 드러난 것보다
그 속에 깃든 속마음까지 알아내는 진실한
눈을 가져야 합니다.

명심보감 (明心寶鑑) 고려 충렬왕 때의 문신 추적(秋適)이 옛 성현들의 좋은 말들을 골라 모아 놓은 책이다. 공자를 비롯한 성현들의 금언을 소개하며 바른 삶의 자세를 일깨우는 책이다.

조금을 알기 위해서 많이 공부해야 한다.

몽테스키외

자기관리를 하지 못하는 사람은 조금 아는 것도 많이 아는 것처럼 떠벌리기 좋아합니다. 빈 그릇이 요란합니다. 어떤 것을 배우고자 할 때는 정확하게 알려고 해야 합니다. 그러려면 많은 시간과 정열을 쏟아야 합니다.

Today Memo

몽테스키외 (Montesquieu, 1689~1755) 계몽주의 시대의 프랑스 정치 사상가이다. 자유주의 입장에서 권력 분립에 의한 법치주의를 제창하였다.

행복 문자

어느 곳에 돈이 떨어져 있다면
길이 멀어도 주우러 가면서
제 발밑에 이는 일거리는 발길로 차 버리고
지나치는 사람이 있다.
눈을 뜨라!
행복의 열쇠는 어디에나 떨어져 있다.
기웃거리고 다니기 전에
먼저 마음의 눈을 닦아라!

앤드루 카네기

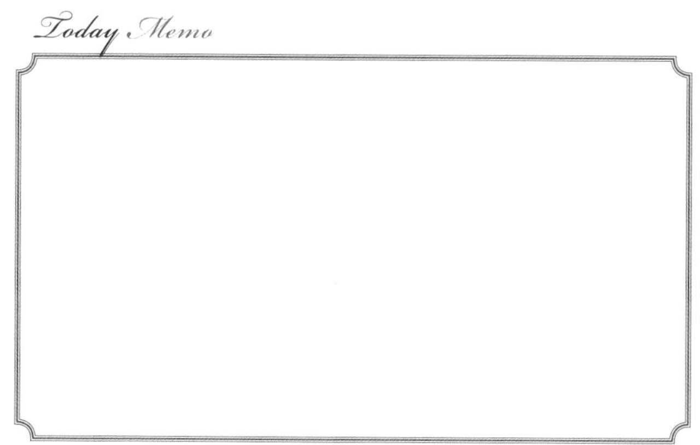

앤드루 카네기 (Andrew Carnegie, 1835~1919) 미국 철강왕으로 불린다. US스틸사의 모태인 카네기철강회사를 설립해 막대한 부를 일궈낸 후 자선 사업과 교육, 문화 사업에 헌신했다.

내 아이에게 전해주는 오늘의 행복 문자

사랑 & 우정

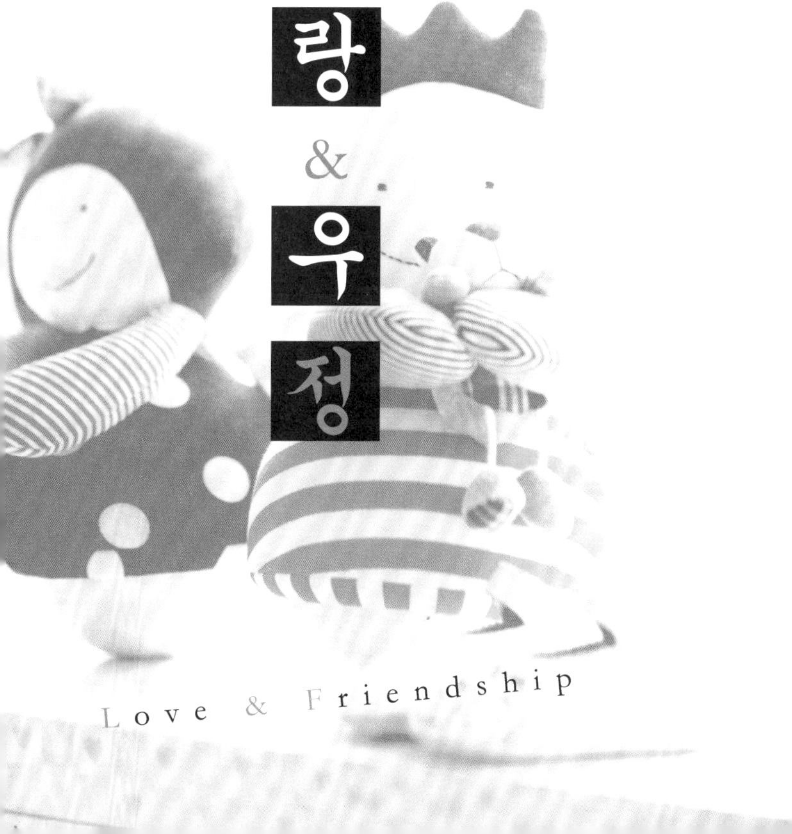

Love & Friendship

사람을 사랑하되 그가 나를 사랑하지 않거든 나의 사랑에 부족함이 없는가를 살펴보라.

맹자

사랑받고 싶은 마음은 인간의 본성입니다.
사람은 사랑받을 때, 생기가 돌고 활력이 생깁니다.
누군가에게 사랑받지 못한다는 마음이 들거든,
그 사람에게 얼마큼의 사랑을 주고 있는지 되돌아봐야 합니다.

Today Memo

맹자 (孟子, BC 372(?)~BC 289(?)) 중국 전국시대의 유교 사상가. 제자백가(諸子百家)의 한 사람으로 도덕 정치인 왕도(王道)를 주장했다.

친구가 생기기만을 기다리면 친구를 만들기 어렵다. 하지만 내가 먼저 친구가 되어주면 세상 누구와도 친구가 될 수 있다.

지그 지글러

하늘에서 뚝 떨어지는 행운은 정말 드뭅니다.
좋은 친구와 더불어 사는 것도 마찬가지이겠지요.
내가 먼저 손을 벌리고 다가가야 좋은 친구가 만들어집니다.
세상 사람 그 누구와도 친구가 될 수 있는 열린 마음을 가져야 합니다.

지그 지글러 (Zig Ziglar, 1926~) 주방용품 회사 세일즈맨으로 시작해 세계적으로 유명한 대중연설가이자 '최고의 동기부여가', '자기계발과 성공학의 대가'가 되었다.

친구를 얻는 유일한 방법은 스스로 완전한 친구가 되는 것이다.

에머슨

세상에 큰 족적을 남긴 위인들은 친구의 소중함을 강조했습니다.
나의 이익을 챙기기보다 다른 사람의 이익을 먼저 챙기는
희생 정신이 있으면, 세상에서 가장 든든한 후원자가 생깁니다.
친구를 만드는 방법, 쉽고도 어렵습니다.

Today Memo

랠프 왈도 에머슨 (Ralph Waldo Emerson, 1803~1882) 미국의 사상가 겸 시인이다. 자연과의 접촉에서 고독과 희열을 발견한 신비적 이상주의자다. 《자연론》, 《대표적 위인론》 등의 저서가 있다.

사랑하는 게 인생이다.
기쁨이 있는 곳에 사람 간의 결합이 있는 곳에
또한 기쁨이 있다.

괴테

살면서 누리는 즐거움 중에서 가장 큰 것이 사랑하는 사람을 만드는 것입니다. 누군가를 사랑하는 그 절절한 마음이 우리의 삶을 풍요롭게 하고, 기쁨에 넘치게 하는 큰 선물입니다.
한 번뿐인 인생에서 사랑을 많이 나누는 일, 많이 할수록 좋습니다.

요한 볼프강 괴테 (Johann Wolfgang von Goethe, 1749~1832) 독일의 시인 · 극작가 · 정치가 · 과학자이다. 바이마르 공국(公國)의 재상을 지냈다. 대표작으로 《파우스트》가 있다.

친구 하나를 얻는 데는 오래 걸리지만 잃는 데는 잠시다.

존 릴리

사람 관계는 깨지기 쉬운 유리그릇이나 마찬가지입니다.
내 입장만을 생각하면 처음 몇 번은 상대방이 받아들이지만,
그런 행동이 반복되면 내게서 점점 멀어져 가는 것은 당연한 일입니다.
오랜 우정이 금 가는 것은 아주 쉬운 일입니다.

Today Memo

존 릴리 (John Lyly, 1554~1606) 영국 소설가 겸 극작가. 화려한 문체로 유퓨이즘(euphuism)이란 말을 남겼다. 《지혜의 해부》가 전해진다.

행복 문자

마음은 팔 수도,
살 수도 없는 것이지만 줄 수 있는 보물이다.

플로베르

마음의 무게를 달아보고 싶은 생각이 들지 않으세요?
내 마음의 무게는 때로는 깃털처럼 가볍지만,
태산처럼 크고 무거워지기도 합니다.
팔 수도, 필요하다고 살 수도 없는 내 마음을 잘 조절해야 합니다.

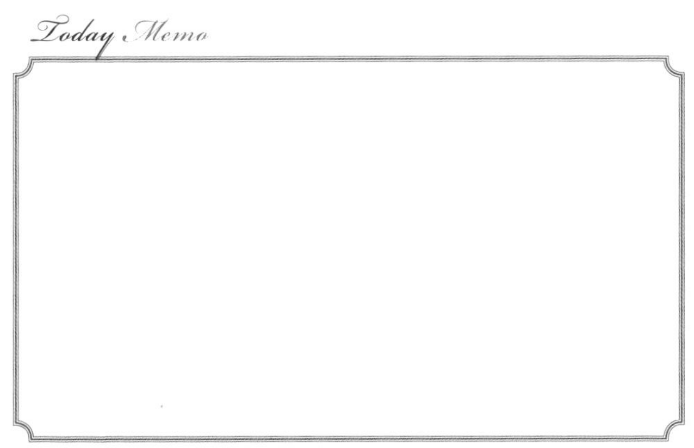

귀스타브 플로베르 (Gustave Flaubert, 1821~1880) 프랑스 작가. 누보로망의 대표 작가로 《세 가지 이야기》가 대표작이다.

행복 문자

절망의 늪에서 나를 구해준 것은 많은 사람들의 사랑이었습니다. 이제 내가 그들을 사랑할 차례입니다.

오드리 햅번

결코 바라지 않지만, 힘들고 버거운 일이 생기는 것이 인생입니다.
그럴 때 다시금 일어서도록 만드는 것은
자신에게 쏟아준 다른 이들의 사랑과 격려입니다.
자신 또한 나중에 어려운 사람을 격려해주면 사랑은 선순환합니다.

Today Memo

오드리 햅번 (Audrey Hepburn, 1929~1993) 세계적인 은막 스타. 요정처럼 예쁜 미모로 〈로마의 휴일〉, 〈티파니에서 아침을〉에서 전 세계인의 주목을 끌었다.

행복 문자

한 사람의 진실한 친구는 천명의 적이 불행하게 만드는 힘 이상으로 행복하게 만든다.

에센바호

많은 것이 꼭 좋다고 볼 수는 없습니다.
아주 적은 숫자로도 매우 행복해지는 것도 있습니다.
다름 아닌 친구입니다. 마음을 알아주는 진실한 친구 한 명만 있어도,
세상 모든 어려움을 이겨낼 수 있습니다.

볼프람 폰 에센바호 (Wolfram von Eschenbach, 1170~1220) 독일 중세의 궁정 서사 시인. 16권 24,840행의 대서사시인 《파르치발》이 대표작이다.

무조건적 사랑은 어린이만이 아니라
모든 인간의 절실한 열망 중 하나다.
어떤 장점 때문에 사랑받는다든가,
사랑받을 만해서 받는다는 것은
항상 의문의 여지를 남긴다.

에리히 프롬

살면서 무조건적인 사랑을 주고받을 사람을 몇 명이라도 만났다면 참 행복한 인생을 산 것입니다. 그런 사랑을 받으려면 '자신이 남에게 대접받고 싶은 대로 남을 대접하고 사랑하는 것' 을 먼저 실천해야 합니다.

Today Memo

에리히 핀카스 프롬 (Erich Pinchas Fromm, 1900~1980) 사회심리학자이자 정신분석학자, 인문주의 철학자이다. 대표작으로 《자유로부터의 도피》가 있다.

행복 문자

확실한 벗은
불확실한 처지에 있을 때 알려진다.

키케로

친구가 많다고 해도 힘겨울 때 정말 도움이 되는 이는 많지 않습니다.
친구가 많은 것을 자랑하기보다 자신이 어려움에 처했을 때,
진정으로 발 벗고 도와주려고 하는 사람이
몇이나 되는지 생각해 보십시오.

마르쿠스 키케로(Marcus Tullius Cicero, BC 106~BC 43) 로마 시대에 활약한 정치가 · 웅변가 · 문학가 · 철학자이다. 《국가론》이 대표작이다.

친구가 많다는 것은 친구가 전혀 없다는 것이다.

아리스토텔레스

재산이 제아무리 많다고 해도, 그것을 제대로 쓸 줄 모르면 없는 것이나 마찬가지입니다. 친구 역시 마찬가지입니다. 손 내밀어 도움을 청할 때, 그것을 들어줄 친구가 얼마나 될까요?

Today Memo

아리스토텔레스 (Aristoteles, BC 384~BC 322) 플라톤의 제자. 스승이 초감각적인 이데아의 세계를 존중한 것에 반해, 자연물을 존중하고 이를 지배하는 원인을 찾는 현실주의 철학자였다.

행복 문자

아프도록 사랑하면
아픔은 없고 더 큰 사랑만이 있습니다.

마더 테레사

간절한 사랑, 아낌없이 베푸는 사랑은 마르지 않는 샘물과 같습니다. 청빈과 봉사의 대명사인 마더 테레사 역시 마르지 않는 샘물처럼 지극한 사랑을 베풀었습니다. 평생 가난하고 병든 사람을 돌보면서 그 자신 또한 많은 사람들로부터 큰 사랑을 돌려받았습니다.

테레사 수녀 (Agnes Gonxha Bojaxhiu, Mother Teresa,1910~1997) 인도 캘커타에서 평생을 가난하고 병든 사람을 위해 봉사했다. '사랑의 선교수사회'를 설립했고, 1979년 노벨 평화상을 받았다

진정한 행복을 만드는 것은 수많은 친구가 아니며, 훌륭히 선택된 친구들이다.

벤 존슨

죽기 전에 해야 할 일들은 참으로 많습니다.
어려운 이웃을 돕는 자원봉사, 마음을 울리는 명저 읽기,
내 아이를 위해 심는 나무 한그루…
이런 것만큼 중요한 것이 누군가의 훌륭한 친구가 되어주는 것입니다.

Today Memo

벤 존슨 (Ben Jonson, 1572~1637) 영국의 극작가 · 시인 · 평론가다. 기질 희극 《십인십색》으로 기질희극의 유행을 주도했다.

행복 문자

남몰래 하는 선행은 땅 속을 흐르며 대지를 푸르게 가꾸어 주는 지하수 줄기와 같은 것이다.

토마스 칼라일

사랑은 드러내 놓고 하는 것보다 왼손이 한 일을
오른손도 모르게 하는 것이 좋습니다.
사랑은 주는 것이지만, 오히려 자신에게 되돌아오는 것입니다.
대지 깊숙한 곳에서 흐르는 맑은 물줄기처럼 마음을 푸르게 가꿔줍니다.

토마스 칼라일 (Thomas Carlyle, 1795~1881) 영국 빅토리아 시대 지성인. 《의상철학》이라는 작품을 통해 에머슨을 비롯한 수많은 사상가들의 추종을 받았다.

바다와 같은 피를 흘리는 것 보다,
한 방울의 눈물을 마르게 하는 것이
더욱 존귀한 일이다.

바이런

고통으로 신음하는 사람에게 다가가 본 적이 있으신지요?
눈물짓는 사람의 눈물을 닦아준 적이 있으신지요?
작은 몸짓 하나로 값진 일을 할 수 있습니다.
힘들어 하는 사람을 위로해 주는 일, 지극한 사랑의 출발점입니다.

Today Memo

배론 바이런 (Baron Byron, 1788~1824) 영국의 낭만파 천재 시인이다. 주요 작품으로 《카인》, 《사르다나팔루스》, 《코린트의 포위》 등이 있다

행복 문자

너그럽고 상냥한 태도 그리고 사랑을 지닌 마음, 이것이 사람의 외모를 아름답게 하는 힘은 말할 수 없이 큰 것이다.

파스칼

미모를 가꾸기 위해 아낌없는 투자를 하는 사람들이 많습니다. 하지만 그 미모에 견주어 아름다운 행동을 하는 사람은 얼마나 될까요? 너그럽고, 상냥하고, 사람이나 사물을 가리지 않고 사랑하는 마음은 아름다운 사람으로 바꿔주는 힘입니다.

블레즈 파스칼 (Blaise Pascal, 1623~1662) 프랑스의 수학자 · 물리학자 · 철학자 · 종교사상가. '파스칼의 정리'라는 수학 원리가 널리 알려져 있다. 저서로 《팡세》가 있다.

행복 문자

형제는 수족(手足)과 같고, 부부는 의복과 같다 의복이 떨어졌을 때에는 새 것으로 갈아입을 수 있지만, 수족이 잘리면 잇기가 어렵다.

장자

한 부모의 피를 받고 태어난 형제는 참으로 귀한 존재입니다. 마치 내 손과 발 같은 분신이라고도 할 수 있습니다. 이렇듯 귀한 형제지간에 정을 돈독히 하고, 서로 의지하고, 이끌어주는 것은 행복한 삶입니다.

Today Memo

장자(莊子, BC 369~BC 289(?)) 중국 제자백가(諸子百家) 중 도가의 대표자로 도(道)를 천지만물의 근본원리로 생각했다.

행복 문자

사람은 친구와 적이 없어서는 안 된다. 친구는 나에게 충고를 주고 적은 나에게 경계를 준다.

소크라테스

인생의 스승은 여러 부류의 사람들로 이루어집니다.
나를 좋아해 주는 사람이 있는가 하면, 나를 싫어하는 사람,
해치려고 하는 사람도 있습니다. 친구에게는 충고를 듣고,
적으로부터는 나를 경계하는 마음을 배우는 것입니다.

소크라테스 (Socrates, BC 469~BC 399) 고대 그리스의 철학자. 자신과 자기 근거에 대해 묻는 영혼 차원의 내면 철학의 시조라고 할 수 있다.

LO
VE

행실이 사람을 만든다는 격언이 있다.
그리고 마음이 사람을 만든다는 격언이 있다.
그러나 이 말보다 더 진실한 제3의 격언은
'가정이 인간을 만든다'는 격언이다.

새뮤얼 스마일즈

밥상머리 교육이라는 말이 있습니다.
식탁에서 이루어지는 가정교육의 중요성을 이야기하는 것이지요.
사람 됨됨이는 가정에서 거의 만들어집니다.
말하는 법, 행동하는 방식, 사람으로서 해야 할 일,
하지 말아야 할 일. 모두 가정이라는 울타리에서 보고 배워갑니다.

새뮤얼 스마일즈 (Samuel Smiles, 1812~1904) 작은 야학에서 했던 강연을 바탕으로 쓴 《자조론(Self-Help)》은 '자기계발', 성공학의 고전으로 꼽힌다.

아름다운 웃음은
가정의 태양이다.

윌리엄 새커리

사랑이 넘치는 사람은 입가에서 웃음이 떠나지 않습니다.
화목한 가정, 평화로운 집안에서는 마찬가지로 웃음꽃이 피어납니다.
부모가 아이들에게 보내는 따사로운 웃음,
아이들이 부모에게 화답하는 웃음은 가정이 밝아지는 원동력입니다.

Today Memo

윌리엄 새커리 (William Makepeace Thackeray, 1811~1863) 19세기 영국 문학을 대표하는 소설가로 날카로운 역사의식이 넘치는 《허영의 시장》 등을 출간했다.

행복 문자

동물만큼 기분 좋은 친구는 없다. 그들은 질문도 하지 않고 비판도 하지 않는다.

엘리엇

동물과의 교감은 정서를 풍부하게 만들어줍니다.
맹인의 길잡이 역할을 해주는 안내견을 보더라도 동물의 충성심은
사람의 간사한 마음과는 비교가 안 됩니다.
동물과의 교감, 사랑은 메마른 정서를 적시는 단비입니다.

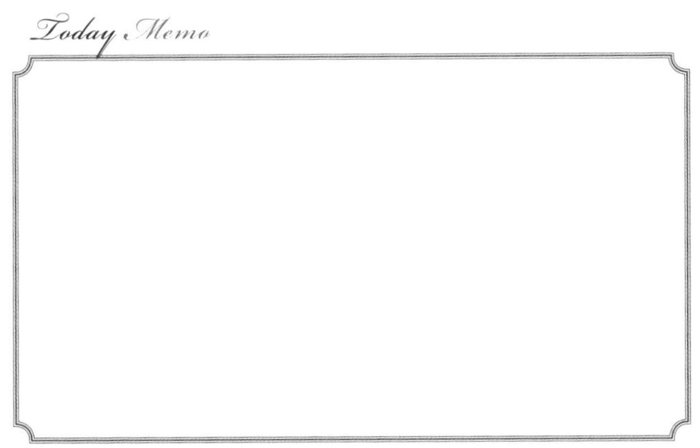

토머스 스턴스 엘리엇 (Thomas Sterns Eliot, 1888~1965) 영국 시인 · 극작가 · 문학 비평가였다. 대표작으로 5부작 《황무지》가 있다.

모든 사람을 사랑하고, 극소수의 사람만을 믿으며, 아무에게도 악을 행해서는 안 된다.

셰익스피어

모든 사람을 사랑하는 일, 성인들도 해내기 힘든 일입니다.
하지만 달콤한 말을 하는 사람의 이야기를 걸러낼 줄 알고,
그 누구에게도 나쁜 일을 하지 않는다면,
이미 그 사람은 모든 사람을 사랑하는 힘을 갖고 있습니다.

Today Memo

윌리엄 셰익스피어 (William Shakespeare, 1564~1616) 영어로 된 작품 중 최고라는 찬사를 받는 작가다. 《로미오와 줄리엣》, 《햄릿》 등의 대표 작품이 있다.

행복 문자

우리 자신은 혼자서 이 세상에 살고 있는 것이 아니다. 숨 쉬는 공기조차 여러 사람과 같이 마시고 있는데, 하물며 그 행동에 있어서야….

엘리엇

맞습니다. 우리는 같은 하늘 아래 머리를 두고 살아갑니다.
공기를 나눠 마시고, 물을 함께 받아 마십니다.
혼자서 해낼 수 있는 것은 거의 없습니다.
더불어 함께 산다는 것, 잊지 말아야 할 일입니다.

토머스 스턴스 엘리엇 (Thomas Sterns Eliot, 1888~1965) 영국 시인 · 극작가 · 문학 비평가였다. 대표작으로 5부작 《황무지》가 있다.

아버지의 기도

Douglas MacArthur

내 아이를 이런 사람이 되게 하소서.
약할 때 자신을 분별할 수 있는 힘과
두려울 때 자신을 잃지 않는 용기를 주시고,
정직한 패배에 부끄러워하지 않고 당당하며,
승리에 겸손하고 온유할 수 있는 사람이 되게 하소서.
그를 요행과 안락의 길로 인도하지 마시고,
곤란과 고통의 길에서 항거할 줄 알게 하시고,
폭풍우 속에서도 일어설 줄 알며,
패한 자를 불쌍히 여길 줄 알게 하소서.
그의 마음을 깨끗이 하고 높은 이상을 갖게 하시어
남을 다스리기 전에 자신을 먼저 다스리게 하시며,
내일을 내다보는 동시에 과거를 잊지 않게 하소서.
또한 생활의 여유를 갖게 하시어 인생을 엄숙히 살아가면서도,
삶을 즐길 줄 아는 마음과 교만하지 않은 겸손한 마음을 갖게 하소서.
그리고 참으로 위대한 것은 소박한 데 있다는 것과
참된 힘은 너그러움에 있다는 것을 새기도록 하소서.
그리하여 그의 아비된 저도 헛된 인생을 살지 않았는가
나직이 속삭이게 하소서.

아이 휴대폰에
날마다 전송하는 행복문자